Die Heere der Hussiten

Teil 2: Die Hussitenkreuzzüge und Herrliche Heerfahrten

ZEUGHAUS VERLAG GmbH

Dornoch on dem sonnentage do quomen die Behemen unde Hwssen gar starg den Meyssnern entkeygenn getczogen unnde wolden an sie slon unnde mit eyn streyten.
Do das dy Meyssner zohen unde irkantten, do goben sie die flucht, wer do mochte, der iochte. Do czogen en die Behemen uff fluechtigem fusse noch unde slugen sy unde mordeten sie unde fingin sy alszo, das den tag vil grossen und banyrhirren, ritte runde ouch ritermessige unde ander vil guttr lewthe, beyde dil und unedil, irslagen unde gefangen wurden, alzo das dy Myssener gar grossen schaden nomen, dortczu mit schanden unde mit schaden aus Behemen flyen unde weychen musten.

Bericht über die Schlacht bei Aussig 1426
aus der Chronik des Martin von Bolkenhain

INHALT

Autor : Alexander Querengässer
Zeichnungen: Sascha Lunyakov
Karte: Bernhard Glänzer

Layout & Lektorat: Stefan Müller
Bildbearbeitung: Andreas Krannich

Herausgeber: Zeughaus Verlag GmbH
Knesebeckstr. 88
10623 Berlin

Telefon: 030/315 700 30
Fax: 030/315 700 77
Email: info@zeughausverlag.de
Internet: www.zeughausverlag.de

Printed in European Union, 2024

Bibliografische Informationen der Deutschen Bibliothek
Die Deutsche Bibliothek verzeichnet diese Publikation in der Deutschen Nationalbibliografie; detaillierte bibliografische Daten sind im Internet über http://dnb.ddb.de abrufbar.

ISBN: 978-3-938447-84-0

Titelbild:
Hussitische Fußsoldaten versuchen einen ummauerten Kirchhof zu stürmen.

DIE HUSSITENKRIEGE

Der unglückliche König

Während sich nach dem Prager Fenstersturz die ersten hussitischen Heere zusammenfanden, erreichte König Sigismund am 15. Dezember 1419 die mährische Stadt Brünn. Als Sohn Karls IV. und Halbbruder Wenzels war Sigismund zwar das neue Oberhaupt des Hauses Luxemburg, aber die jüngsten Unruhen zeigten bereits, dass es für ihn schwierig werden würde, seine Ansprüche auf die Wenzelskrone durchzusetzen. Sigismund berief die böhmischen Stände nach Brünn ein. Außerdem ließ er den Reichsfürsten, den Rittern des Deutschen Orden und König Wladislaw von Polen mitteilen, dass er Anfang 1420 einen Hoftag im schlesischen Breslau abzuhalten gedenke. Nachdem er für wenige Wochen in sein ungarisches Königreich zurückgekehrt war, empfing er schließlich die wichtigsten böhmischen Adligen in Brünn. Seine Schwägerin Sofia, die Schwester des verstorbenen König Wenzel, ließ ihm mitteilen, dass sie sich außerstande sähe, die Regierungsgeschäfte fortzuführen. Sigismund legte diese daher in die Hände des angesehenen Adligen Čeněk von Wartenberg, der seinen Sitz auf dem Hradschin einnahm. Gleichzeitig versuchte er den böhmischen Adel zu beruhigen, indem er versprach, dass er die Durchführung der Kommunion in beiderlei Gestalt nicht verfolgen, ihnen also freie Hand bei der Ausübung ihrer Religion überlassen würde.

Diese Haltung änderte er jedoch wenig später in Breslau, wo er sich mit wichtigen Vertretern deutscher Fürsten zusammenfand. Obwohl seine böhmischen Berater ihm nahe legten, taktvoll mit seinen rebellischen Untertanen umzugehen und keine fremden Heere in das Königreich zu holen, entschied Sigismund sich gegen ihren Rat. Am 5. Januar 1420 ließ er eine Bekanntmachung publizieren, derzufolge sich alle böhmischen Städte ihm und der römischen Kirche unterwerfen sollten. Und Sigismund ging noch weiter. Ein bekannter Prager Kaufmann, Jan Krasá wurde in Breslau verhaftet, weil er sich kritisch über die Verbrennung von Jan Hus geäußert hatte. Unter der Folter sollte er dazu gezwungen werden, die Kommunion in beiderlei Gestalt als Häresie zu verteufeln, lehnte jedoch ab. Krasá wurde an Pferde gebunden, durch die Stadt geschleift und schließlich am 15. März 1420 verbrannt. Gleichzeitig erklärte Sigismund Häresie zum Kapitalverbrechen und drohte mit der Konfiszierung des persönlichen Besitzes aller, die dieses Verbrechens überführt werden konnten. Nun war seinen böhmischen Untertanen klar, welche Art der Herrschaft sie zu erwarten hatten.

Der Erste Hussitenkreuzzug

Die hussitische Rebellion wurde schnell als starke Bedrohung des westeuropäischen Christentums wahr genommen. Daher rief Papst Martin V. - auf Drängen König Sigismunds - bereits am 1. März 1420 von Florenz aus alle Heere Europas zum Kreuzzug auf. Der König stellte ein Heer zum Vorstoß auf Prag auf.[1]

Während sich die katholischen Armeen noch bei Schweidnitz sammelten, unternahm eine kleine hussitische Armee unter Nikolaus von Hus einen Feldzug gegen die Herren von Rosenberg in Südböhmen, die treu auf der Seite Sigismunds standen. Von Hus eroberte dabei mehrere Burgen und Städte. Auch Žižka startete im Frühjahr 1420 einen Feldzug, der sich jedoch bald bei der Belagerung der Burg Rabí festrannte. Rabí, im Südwesten des Landes gelegen, war Böhmens größte und stärkste Festung, denn sie war erst wenige Jahre zuvor während der Auseinandersetzungen des Adels mit König Wenzel umfassend ausgebaut und modernisiert worden. Trotzdem gelang es Žižka dieses Bollwerk zu stürmen. Er schonte zwar die Besatzung, ließ aber anscheinend einige Mönche mit einer Handvoll kirchlicher Kleinodien verbrennen. Das größte Problem der Hussiten bestand zu diesem Zeitpunkt in dem Umstand, dass sie zahlenmäßig zu schwach waren, um die eroberten Plätze dauerhaft zu besetzen.[2]

Das Heer König Sigismunds war inzwischen *„mit wil fursten Rittern vnd Knechten vnd auch andern fromen lewten“*[3] bei Kuttenberg (Kutná Hora) angelangt. Am 31. Mai schickte der König einen Brief an Ulrich von Rosenberg. Er sollte ein Heer sammeln und die neue Hussitenfestung Tabor zerstören. Sollten seine Kräfte dazu nicht ausreichen, so wünschte der König, dass Rosenberg zu ihm nach Prag stoße.[4]

In Prag war der Versuch der gemäßigten Utraquisten gescheitert, einen Vergleich mit der königlichen Besatzung auf dem Hradschin zu schließen. Der Burgberg wurde zwar zwischenzeitlich von den Pragern besetzt, dann aber von dem Kommandanten Čeněk von Wartenberg wieder königstreuen Söldnern ausgehändigt. Als die Utraquisten von dem Kreuzzugsaufruf erfuhren, fürchteten sie die Rache Sigismunds und riefen die Taboriten unter Jan Žižka um Hilfe. Dieser setzte sich sofort in Bewegung und konnte in Beneschau und Porschitz an der Sasau zwei kleinere katholische Armeen schwer schlagen. Wie bereits bei Sudomer formierte Žižka seine Kriegswagen zu einer Wagenburg. Nachdem der erste Angriff der Royalisten abgewehrt worden war, zogen diese sich entmutigt vom Schlachtfeld zurück. Am 20. Mai 1420 konzentrierten sich die hussitischen Kräfte in Prag. Žižka und seine siegreichen Truppen zogen triumphierend in die Stadt ein. Es kam jedoch bald zu Differenzen zwischen den reichen Prager Stadtbürgern und den Taboriten. Diese folgten schlichten Idealen eines an der Armut orientierten Christentums und reagierten verstört auf die Prager in ihren bunten, pelzgefütterten Gewändern. Besonders abstoßend wirkten auf sie die aufwendig gestalteten Bärte der Bürger. Einige Taboriten reagierten darauf so verärgert, dass sie die Prager auf der Straße anhielten und unter Waffengewalt rasieren wollten. Žižka hatte einige Mühe, die Ordnung wieder herzustellen. Zum größten Eklat kam es, als die mitgereisten Frauen der Taboriten das reiche St. Katharinenkloster niederbrannten und die Nonnen attackierten. Die Unterschiede in den pragmatischen Idealen der Prager und dem Wunsch nach tiefgreifender sozialer Umwälzung seitens der Taboriten traten deutlich zutage.[5]

Die königlichen Truppen beherrschten allerdings nicht nur den Hradschin sondern auch den alten Königsberg, den Vyšehrad. Die Hussiten hatten diesen jedoch mit Gräben von der Neustadt abgeschnitten. Um die letzten Ausfallstraßen der Stadt frei zu halten, ließ Žižka auf dem Veitsberg (Vitkov) östlich der Stadt provisorische Befestigungsanlagen

1 *Vgl.: PALACKÝ: Der Hussitenkrieg 1419-1431, S. 90-92; ŠMAHEL: Hussitische Revolution II, S. 1071-1073; KROCKER: Sachsen und die Hussitenkriege, S. 2.*

2 *Vgl.: PALACKÝ: Der Hussitenkrieg 1419-1431, S. 100-101; ŠMAHEL: Hussitische Revolution II, S. 1069-1070.*

3 *Zit.: PALACKÝ: Urkundliche Beiträge I, Nr. 23, S. 29 „mit vielen Fürsten, Rittern und Knechten und auch anderen frommen Leuten“.*

4 *Vgl.: PALACKÝ: Urkundliche Beiträge I, Nr. 25, S. 30.*

5 *Vgl.: VERNEY: Warrior of God, S. 70-73.*

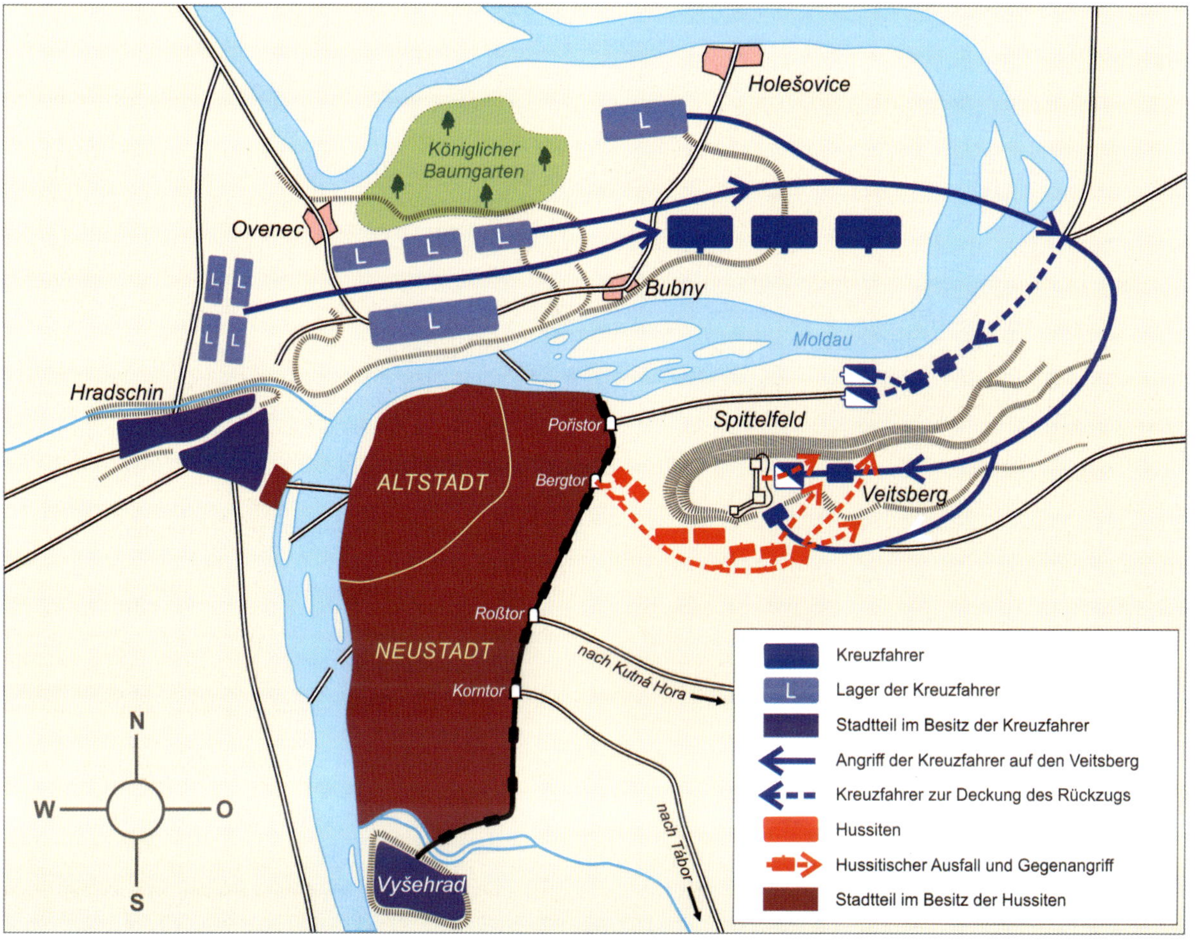

Belagerung von Prag und Schlacht auf dem Vitkov (Veitsberg)

in Form von blockhausähnlichen Türmen, Gräben und Wällen errichten. Außerdem wurden fast 2.500 Bürger Prags, vor allem die Deutschen, ausgewiesen.[6]

Um den Ausschreitungen in der Stadt Einhalt zu gebieten, traten schließlich die Ältesten der einzelnen Gruppen zusammen. Sie beschlossen gegen den *„ungarischen"* König Sigismund und jeden zu kämpfen, der wider die Austeilung des Kelches in beiderlei Gestalt war. Außerdem sollten die Priester zum apostolischen Leben zurückkehren, also Hab- und Prunksucht sowie Simonie unterlassen. Auch an die Frömmigkeit der einfachen Bevölkerung wurde appelliert, indem zum Beispiel das übermäßige Trinken in Wirtshäusern an den Feiertagen oder das Tragen teurer und verspielter Kleidung untersagt wurde. Diese Beschlüsse bildeten die Grundlage für die kurz darauf am 3. Juli erlassenen Vier Prager Artikel. Diese forderten die freie Predigt, die Anerkennung der Kelchkommunion, die Aufhebung weltlicher Kirchenherrschaft und die Freiheit von ungerechter weltlicher Herrschaft.[7]

Am 12. Juni erschien das Kreuzfahrerheer vor Prag und schlug sein Lager im Tiergarten auf. Zeitgenössische Chronisten geben die Zahl der Kreuzzugsarmee mit 100.000 bis 200.000 Mann an, tatsächlich wird sie die Stärke von 50.000 Mann nur unwesentlich überschritten haben. Trotzdem war das Heer der Kreuzfahrer so groß, dass sich etliche böhmische Städte ohne Widerstand dem König unterwarfen. Nur die Prager, Taborer, Saazer, Launer, Schlaner, Piseker, Klatauer sowie ein Teil des Adels und der Bauernschaft waren gewillt, Prag zu verteidigen. Sigismund wiederum zögerte, seine schweren Geschütze gegen jene Stadt einzusetzen, die sein Vater zu einer der schillerndsten Metropolen Europas ausgebaut hatte. Er wusste aber auch, je länger die Hussiten die Hauptstadt würden halten können, desto mehr würde die Größe des Kreuzheeres zu einer Last werden, denn eine solch gewaltige Armee ließ sich nur schwer über einen längeren Zeitraum versorgen.[8]

Ein Brief der Stadt Nürnberg informierte die Ratsherren der Stadt Ulm, dass der König *„mit grosser macht für Prag hie disseit beym tyergarten gelegert hab, vnd was der Hussen in*

6 *Vgl.: Palacký: Der Hussitenkrieg 1419-1431, S. 92- 103, 112-113; Šmahel: Hussitische Revolution II, S. 1074-1089. Durdík: Hussitisches Heerwesen, S. 200-201.*

7 *Vgl.: Palacký: Der Hussitenkrieg 1419-1431, S. 115-116, 134-138; Palacký: Urkundliche Beiträge I, Nr. 33, S. 33.*

8 *Vgl.: Palacký: Der Hussitenkrieg 1419-1431, S. 109-111; Šmahel: Hussitische Revolution II, S. 1092 Šmahel schätzt die Stärke der Kreuzfahrerarmee sogar nur auf 30.000 Mann; Seibt: Vom Vitkov bis zum Vyšehrad, S. 188-190.*

Ein Infanteriegefecht während der Hussitenkriege
(aus Eberhard Windeckes *„Geschichte Kaiser Sigismunds“*)

das her gefangen werden, die lass sein Gnade alle prennen, vnd der Herre von Österreich wer dennoch nicht komen, doch were man sein im her wartend, sunder der Herre von Österreich vnd der von Rosenberg mit Im sullen mit grosser macht liegen vor eim thabor bei awsk. So lass unser Herre der Kunig die puchsen zubereyten, und well des Herczogen von Sachsen hof stürmen, vnd well auch volk in die kleinen stat legen.“[9]

Ulrich von Rosenbergs Truppen belagerten derweil Tabor. Zu ihm war auch ein Aufgebot Leopold von Kraygs und Heinrich von Puchbergs gestoßen. Puchberg war von König Sigismund selbst gebeten worden *„zu dem Edeln Vlrichen von Rozemberg, vnsern lieben getrüen reiten vnd Im den Thabor auf dem Hradyssczko zu gewinnen vnd zu stören helffen* [...].“[10] Interessanterweise war der *„liebe Getreue“* Ulrich von Rosenberg selbst ein utraquistischer Hussit.

Im österreichischen Freistadt versammelte zeitgleich Herzog Albrecht weitere 4.000 Ritter und Knechte, die im Juli zu der Belagerungsarmee stoßen sollten. Albrecht zog mit der Masse seines Heeres jedoch direkt nach Prag weiter. Als Žižka in Prag von der bedrängten Situation Tabors erfuhr, schickte er 350 Reiter unter Nikolas von Hus aus. Es handelte sich womöglich um die ganze in Prag befindliche berittene hussitische Macht, die den Belagerten zu Hilfe kommen sollten. Von Hus brach am 25. Juni auf, durchbrach den Belagerungsring und erschien am 30. vor Tabor. Ein Bote schlich sich zu den Belagerten durch. Als Hus das Lager der Kreuzfahrer angriff, startete die Besatzung der Stadt einen Ausfall und errang einen vollständigen Sieg über Rosenbergs Truppen. Die Streitmacht Nikolaus´ von Hus und das erbeutete Kriegsgerät verstärkten die Besatzung Tabors nun erheblich.[11]

Am gleichen Tag ereilte Sigismund ein weiterer schwerer Schlag. In Ostböhmen hatte Alesch Wrzesstiowsky von Riesenburg eine Volksversammlung einberufen. Nachdem eine große Menge Bauern zusammengekommen und an der Predigt eines hussitischen Priesters teilgenommen hatte, gelang es diesem Haufen am selben Abend die Stadt Königgrätz zu erobern. Als Sigismund in Prag davon erfuhr, entsandte er sofort ein großes Kontingent des Kreuzheeres gegen die Stadt, das jedoch angesichts der starken und gut besetzten Mauern sofort wieder kehrt machte.[12]

Der König war inzwischen mehr und mehr zur Eile angehalten. Ein großes Heer wie das seinige ließ sich nicht sehr lange zusammenhalten. Am 12. Juni gelang ihm ein Achtungserfolg, als er der bedrängten Besatzung des Hradschin einige Verstärkung und frische Lebensmittel zuführen konnte.[13]

Der Versuch einer friedlichen Einigung scheiterte erneut, da der päpstliche Legat Ferdinand von Lucca eine Anhörung der hussitischen Forderungen verweigerte. Am 13. Juli setzten daher die Kreuzfahrer auf das östliche Moldauufer über, um sich auf ihren Angriff auf den Veitsberg vorzubereiten. Sie täuschten einen Angriff auf das Spitalsfeld vor. Als die Prager Verteidiger sich zu einem Gegenangriff provozieren ließen, mussten sie auf offenem Feld schwere Verluste hinnehmen. Die Kreuzritter zogen sich anschließend geordnet vom Schlachtfeld zurück.[14]

Am 14. Juli begann der Angriff der schweren meißnischen und schlesischen Kavallerie, angeblich unter dem persönlichen Befehl Friedrichs von Meißen. Die Befestigungen auf dem Veitsberg wurden nur von schwachen Kräften verteidigt (auch wenn die Angaben einiger Quellen, die von nur 30 bis 60 Männern und Frauen sprachen, wahrscheinlich zu niedrig sind). Es gelang den Meißnern zunächst den südlichen Holzturm einzunehmen. Der Versuch, den mit Grassoden besetzten Wall zu stürmen, scheiterte jedoch. Auf dem schmalen Höhenrücken des Veitsbergs konnten die Meißner ihre zahlenmäßige Überlegenheit nicht voll zur Geltung bringen. Žižka selbst leitete die Verteidigung.[15]

---

9 *Zit.: Palacký: Urkundliche Beiträge I, Nr. 36, S. 38 „mit großer Macht vor Prag, hier diesseits beim Tiergarten gelagert hat, und was an Hussiten vom Heer gefangen wurden, die ließ seine Gnaden brennen, und der Herzog von Österreich und der von Rosenberg mit Ihm sollen mit großer Macht vor Tabor liegen. So lässt unser Herr der König die Büchsen vorbereiten, und will des Herzogs von Sachsen Hof stürmen, und will auch Volk in die Kleinstadt legen.“*

10 *Zit.: Palacký: Urkundliche Beiträge I, Nr. 30, S. 32 „zu dem edlen Ulrich von Rosenberg, unsern lieben Getreuen reiten und Ihm den Tabor auf dem Hradyssczko zu gewinnen und zu zerstören helfen.“*

11 *Vgl.: Stöller: Österreich im Kriege gegen die Hussiten, S. 8-9; Palacký: Der Hussitenkrieg 1419-1431, S. 118-120; Šmahel: Hussitische Revolution II, S. 1089-1091; Durdík: Hussitisches Heerwesen, S. 171-173.*

12 *Vgl.: Palacký: Der Hussitenkrieg 1419-1431, S. 120-121. Palacký beziffert die Stärke des von Sigismund nach Königgrätz ausgeschickten Heeres auf 10.000 Mann, gibt aber dafür keine Quellenbelege.*

13 *Vgl.: Palacký: Der Hussitenkrieg 1419-1431, S. 122-123; Verney: Warrior of God, S. 71-72.*

14 *Vgl.: Palacký: Der Hussitenkrieg 1419-1431, S. 127-129; Šmahel: Hussitische Revolution II, S. 1093-1094; Durdík: Hussitisches Heerwesen, S. 201.*

15 *Vgl.: Durdík: Hussitisches Heerwesen, S. 201-203; Šmahel: Hussitische Revolution II, S. 1094;*

Kaiser Sigismund belagert eine böhmische Stadt.
Dies ist eine der wenigen Darstellungen in der *„Geschichte Kaiser Sigismunds“*, bei der die Nutzung von Trebuchet-Katapulten abgebildet wird.

Schließlich brachte ein aus der Stadt heraus geführter Gegenangriff die Entscheidung. Aus dem Bergtor stürmten mehrere hundert Hussiten, angeführt von einem Priester, und griffen die Flanke der bereits erschöpften Meißner an. Panik brach unter den Rittern aus. Sie strömten zurück und einige wurden von den sie verfolgenden Pragern an den steilen Nordhang des Veitsbergs getrieben und stürzten hinab. Der Chronist Laurentius berichtet: *„Und als die Feinde das Sakrament erblickt und den Klang des Glöckchens sowie das laute Geschrei des Volkes gehört hatten, machten sie, von aufkommender Angst überwältigt, kehrt, indem sie schnell davoneilten und einer den anderen im Lauf zu überholen suchte. Da sie in solchem Sturmlauf sich nicht halten konnten, stürzten viele vom hohen Felsen herab und brachen sich das Genick, und sehr viele wurden durch die Verfolger getötet.“*[16] Die Schlacht war entschieden, auch weil Entlastungsangriffe der Kreuzfahrer vom Hradschin und dem Vyšehrad ebenfalls abgewehrt werden konnten. Die Angaben über die Verluste der Kreuzritter schwanken. Einige Quellen sprechen von 500 Mann, Laurentius von 300, andere von 144 oder gar nur 70. In Anbetracht der geringen Zahl der Verteidiger scheinen diese Schätzungen legitim. Wahrscheinlich starb die Masse der Ritter bei ihrer wilden Flucht. Wie hoch die Anzahl der Toten auch ausfiel, letztendlich war sie in Anbetracht der gewaltigen Stärke der Kreuzfahrer gering, doch die Niederlage schien ihnen moralisch das Rückgrat gebrochen zu haben. Nach diesen Rückschlägen zog sich das Kreuzfahrerheer von Prag zurück und löste sich regelrecht auf.[17]

Sigismund wollte dennoch nicht darauf verzichten, sich zum König von Böhmen krönen zu lassen. Am 28. Juli wurde der Akt feierlich auf dem Hradschin begangen. Kurz darauf, am 2. August, verließ auch der Luxemburger die rebellische Stadt. Bei ihrem Rückzug nahmen die Kreuzfahrer die Schätze König Wenzels und etliches Kirchengold und –silber aus der Stadt mit. Sigismund ließ bedeutende Kunstwerke einschmelzen, um seine Truppen bezahlen zu können, war aber dennoch gezwungen, die Masse seiner Söldner wenig später zu entlassen.[18]

Die Hussiten, vereint und beflügelt durch ihren Sieg, einigten sich auf die Verabschiedung der Vier Prager Artikel. Sigismund zog sich vorerst mit seinen Truppen nach Kuttenberg zurück. Auch Žižka marschierte mit seiner Armee nach Süden. Er verbündete sich mit Ulrich von Neuhaus, einem südböhmischen Adligen. Sie nahmen die feste Stadt Lomnitz (Lomnice) ein und marschierten dann auf Neubistritz (Nová Bystřice), das dem Nachbarn Ulrichs, Leopold von Krayg gehörte. Möglicherweise marschierten erste hussitische Trupps dabei auch schon in Niederösterreich ein.[19]

Danach wandte sich Žižka gegen Ulrich von Rosenberg. Die Hussiten belagerten im Oktober die Burg Klein Bor und steckten sie anschließend in Brand. Doch als sich ein Entsatzheer verschiedener südböhmischer Adliger näherte, mussten Žižkas Truppen den Rückzug antreten. Hart bedrängt, verloren sie dabei einige hundert Mann. Sowie sich aber das Heer auf Budweis zurückgezogen hatte, fiel Žižka von neuem in das Gebiet des Rosenbergers ein. Dieser wandte sich flehentlich an König Sigismund, der ihm jedoch in diesem Moment keine Hilfe leisten konnte. Im November rückten die Taboriten vor die befestigte Stadt Prachatice. Da die Übergabeaufforderung Žižkas abgelehnt wurde, ließ dieser die Stadt stürmen. Die Hussiten richteten anschließend ein wahres Blutbad unter der Bevölkerung an. Wenig später fielen auch die strategisch wichtigen Burgen Pribenice und Divis in die Hände der Hussiten. Daraufhin musste Rosenberg in einen Waffenstillstand einwilligen, der bis zum 4. Februar 1421 andauern sollte.[20]

Žižkas Taboriten vereinigten sich wieder mit den Aufgeboten der Prager und zogen nach Westböhmen, wo Sigismund mit seinem Heer die Stadt Pilsen unterstützen wollte. Die Stadt setzte den Hussiten in den kommenden Jahren heftigen Widerstand entgegen. Doch vor der vereinigten Macht der Hussiten trat der König den Rückzug nach Znaim an, von wo aus er sein Bündnis mit dem Herzog von Österreich zu stärken hoffte.[21]

Auch in der Markgrafschaft Mähren hatte sich die hussitische Bewegung ausgebreitet. Das Bild war ähnlich, wie im übrigen Land. Die Kirche, Städte und Teile des Adels standen treu zum König, die Bauern, Handwerker und der andere Teil des Adels unterstützten die Bewegung. Nach dem Vorbild von Tábor gründeten die Hussiten ein befestigtes Lager auf einer Marschinsel der Bečva vor Ungarisch Ostra.[22]

Von hier aus verwüsteten sie das Umland. Nachdem sie das Kloster Welehrad zerstört und seine kostbare Bibliothek verbrannt hatten, baten der Bischof von Olmütz und einige lokale Barone den Herzog von Österreich um militärischen Beistand. Ein erster Versuch die Marschinsel einzunehmen scheiterte jedoch im Frühjahr unter hohen Verlusten.[23]

Die Lage der Truppen auf dem Vyšehrad verschlechterte sich dagegen zusehends. Nachdem die königliche Besatzung im Spätsommer einige erfolgreiche Ausfälle gegen die Prager Verteidiger unternommen hatte, ging Sigismund davon aus, dass sie sich auch ohne seine Hilfe eine Weile würde halten können. Anfang Oktober traf eine Adelsdelegation des Königgrätzer Kreises bei ihm ein und bot an, Verhandlungen mit den Pragern zu vermitteln. Sigismund wollte dies von der Aufgabe der Belagerung abhängig machen, worauf die Prager anboten, die Burg während der Verhandlungen den Königgrätzern zu überantworten. Erzürnt soll Sigismund daraufhin ausgerufen haben: *„Ich scheiße ihnen eher auf die Schnauze, als daß ich vom Vyšehrad weiche. Diese Bauernlümmel sollen mir lieber aus Königgrätz verschwinden, das sie arglistig an sich gebracht haben!“*[24] Doch da die Vorräte der Besatzung erschöpft waren und der erhoffte Entsatz durch den König ausblieb, kapitulierte die Burg am 1. November 1420 morgens um 8 Uhr.

VERNEY: Warrior of God, S. 76-78; SEIBT: Vom Vítkov bis zum Vyšehrad, S. 185-187.

16 *Zit.: Laurentius-Chronik, S. 105.*

17 *Vgl.: PALACKÝ: Der Hussitenkrieg 1419-1431, S. 131-133; ŠMAHEL: Hussitische Revolution II, S. 1094; DURDÍK: Hussitisches Heerwesen, S. 205-206; VERNEY: Warrior of God, S. 79-81; SEIBT: Vom Vítkov bis zum Vyšehrad, S. 187-196.*

18 *Vgl.: PALACKÝ: Der Hussitenkrieg 1419-1431, S. 142-148; ŠMAHEL: Hussitische Revolution II, S. 1094-1102; STÖLLER: Österreich im Kriege gegen die Hussiten, S. 9-10; BLEICHER: Das Herzogtum Niederbayern, S. 94.*

19 *Vgl.: PALACKÝ: Der Hussitenkrieg 1419-1431, S. 148-149; STÖLLER: Österreich im Kriege gegen die Hussiten, S. 10.*

20 *Vgl.: PALACKÝ: Urkundliche Beiträge I, Nr. 48, S. 50; PALACKÝ: Der Hussitenkrieg 1419-1431, S. 166-174; ŠMAHEL: Hussitische Revolution II, S. 1127-1131; STÖLLER: Österreich im Kriege gegen die Hussiten, S. 10-11; VERNEY: Warrior of God, S. 91-95.*

21 *Vgl.: STÖLLER: Österreich im Kriege gegen die Hussiten, S. 12.*

22 *Vgl.: PALACKÝ: Der Hussitenkrieg 1419-1431, S. 212-213; STÖLLER: Österreich im Kriege gegen die Hussiten, S. 12.*

23 *Vgl.: PALACKÝ: Der Hussitenkrieg 1419-1431, S. 213-214; STÖLLER: Österreich im Kriege gegen die Hussiten, S. 12.*

24 *Zit.: ŠMAHEL: Hussitische Revolution II, S. 1118.*

Sigismund belagert Prag. Darstellung aus der *„Geschichte Kaiser Sigismunds“*.

Kurz darauf erschien das königliche Entsatzheer vor den Toren der Stadt. Von einer nahen Anhöhe gab Sigismund der eingeschlossenen Besatzung das Zeichen zum Ausfall, um die Belagerer in die Zange zu nehmen. Einige der deutschen Söldner wollten dem Befehl zwar Folge leisten, allein die Hauptleute fühlten sich in ihrer Ehre angegriffen und an ihr Wort gebunden. Als die Attacke ausblieb, versuchten die böhmischen und mährischen Adligen Sigismund von der Sinnlosigkeit des Angriffs zu überzeugen und zum Rückzug zu bewegen. Außerdem war ein Angriff auf die von starken Gräben und Wällen umgebenen hussitischen Stellungen ohnehin wenig Erfolg versprechend. Ein furioser Sigismund überhäufte daraufhin seine Gefolgsleute mit Schmähungen und provozierte sie auf diese Weise zum Angriff. Die ungarischen und deutschen Verbände sollten das feindliche Lager frontal angreifen, während die Böhmen und Mährer durch sumpfige Niederungen auf dem linken Flügel vorgehen würden. Deren Reitern gelang es tatsächlich in das feindliche Lager einzubrechen. Doch der besonnene hussitische Kommandeur Hynek Kušina führte die orebitischen Abteilungen zur Verstärkung heran. Mit neuem Mut beseelt beteiligten sich auch die Prager an dem Gegenangriff und drängten die Königlichen aus dem Lager. Als der König sah, dass auch die Deutschen und Ungarn zu weichen begannen, gab er den Befehl zum Rückzug. Ein zeitgleich stattfindender Entlastungsangriff der Besatzung des Hradschin wurde ebenfalls zurück gewiesen.[25]

Die Ausbreitung der Hussiten in Böhmen

Nach der Eroberung des Vyšehrad entwickelte sich Prag vorrübergehend zum Zentrum der Bewegung. Die Taboriten verpassten es in diesen Wochen zunächst, diese Führungsrolle zu behaupten. Die Prager Hussiten verfassten am 5. November 1420 einen kämpferischen Brief an das Land, in dem sie jedem, der sich den Prager Fahnen entgegen stellen würde, mit Krieg und Verderben drohten.[26]

Obwohl das Prager Hussitentum eine ganz eigene, schwer zu fassende Form dieser Konfession darstellte, bei der die kulturellen und sozialen Eigenheiten der böhmischen Metropole eine gewichtige Rolle spielten, stand die Stadt dem Taboritentum in dieser Zeit sehr nahe. Von daher wundert es kaum, dass der ehemalige Prämonstratensermönch Jan Želivský eine neue religiös-politische Führungsposition übernahm. Jan Želivský gelang es Zeit seines Lebens stets einen Ausgleich in den angespannten Beziehungen zwischen Utraquisten und Taboriten zu finden. Nur durch ihn konnten alle Parteien in Prag nicht nur die Hauptstadt des Landes, sondern das Zentrum der Bewegung sehen.[27]

Doch selbst Želivský konnte nicht verhindern, dass die Spannungen zwischen den Utraquisten und Taboriten mitunter gewaltsam eskalierten. So vertrieben die Prager im November 1420 zunächst Nikolaus von Hus und anschließend alle taboritisch gesinnten Priester aus der Ratsversammlung. Es kam zu ersten bewaffneten Auseinandersetzungen zwischen beiden Gruppierungen in deren Folge Žižka seinen Feldzug in Südböhmen abbrach und nach Prag zurückkehrte, wo am 10. Dezember ein Waffenstillstand zwischen den streitenden Parteien ausgehandelt wurde. Bei einer Ratssitzung, welche die theologischen Differenzen endgültig beilegen sollte, erhob sich jedoch Prokop von Pilsen, Rektor der Universität, mit neuen Klagen gegen die Taboriten. Diese hatten mittlerweile eine immer radikalere Haltung, nicht nur in religiösen, sondern auch politischen Fragen angenommen. Sie forderten für Böhmen die Republik, die Aufhebung jeglicher Ständeunterschiede, die Aufhebung des „Sonder-„ (Privat-) Eigentums, die Zerstörung aller Kirchen, die zu Ehren Heiliger und nicht Gottes gestiftet worden waren, und die Abschaffung des Glaubens an das Fegefeuer. Diese Forderungen schienen so radikal, dass einige der gemäßigten utraquistischen Hussiten sie tatsächlich als ketzerisch abstempelten. Über diesen Streit konnte bei der ersten Ratssitzung zunächst keine Einigung herbei geführt werden. Nikolaus von Hus, der die Stadt eigentlich im Zorn hatte verlassen wollen, stürzte kurz vor den Toren vom Pferd. Er wurde nach Prag zurückgebracht, wo er noch vor Ablauf des Jahres verstarb.[28]

Den Prager Hussiten gelang dafür ein wichtiger religiöspolitischer Erfolg. Am 21. April 1421 bekannte sich der Prager Erzbischof Konrad von Vechta zum Hussitentum, nahm die Vier Prager Artikel an und erklärte, dass er Sigismund nicht als rechtmäßigen böhmischen König anerkannte. Konrad war der bisher höchste kirchliche Würdenträger, der diesen Schritt unternahm.[29]

Möglicherweise war es dieser Meinungsumschwung des Erzbischofs, der Sigismund am 27. Mai 1421 zu der Erklärung bewegte, dass er bereit sei, wegen der Vier Prager Artikel zu verhandeln, solang die Hussiten sein Königtum nicht infrage stellten.[30]

In den ersten Monaten des Jahres 1421 gelang es den Hussiten im Osten und Norden Böhmens eine Reihe kleinerer, aber wichtiger Erfolge zu erringen. Sigismund hielt sich in diesen Wochen in Leitmeritz (Litoměřice) und Brüx (Most) auf, um mit dem Kurfürsten von Brandenburg und den Markgrafen von Meißen einen neuen Feldzug vorzubereiten. Über den Jahreswechsel 1420/21 gelang es einem Prager Aufgebot das befestigte Schloss Kunratic zu nehmen. Gleichzeitig operierte Jan Žižka im Pilsener Land. Dort besetzten die Taboriten in kurzer Folge das Kloster Chotesau, die Stadt Kladrau (Kladruby), die Burg Schwamberg und belagerten schließlich die Stadt Tachau (Tachov).[31]

Um die bedrohte Stadt zu entsetzen, eilte Sigismund nach Pilsen und stellte ein neues Heer auf, wobei er die süddeutschen Fürsten um militärische Unterstützung bat. Inzwischen war in den Tachauer Vorstädten ein Feuer ausgebrochen, bei dem nicht nur dutzende hussitische Kriegswagen verbrannten, sondern auch etliche Pferde umkamen. Da Žižka sich nun zu schwach fühlte, um einem Angriffsversuch zu begegnen, zog er seine Truppen von der Stadt ab. Einen Teil seines Heeres verlegte er in die besetzten Städte, Burgen und Klöster, mit der Masse zog er sich auf Tabor zurück, um seinerseits das taboritische Feldheer zu stärken und die Prager um Hilfe zu bitten. Sigismund versuchte derweil Mies und das Kloster Kladrau zurückzunehmen, was ihm jedoch nicht gelang.[32]

25 *Vgl.: Šmahel: Hussitische Revolution II, S. 1120-1121.*

26 *Vgl.: Palacký: Der Hussitenkrieg 1419-1431, S. 175-180.*

27 *Vgl.: Palacký: Der Hussitenkrieg 1419-1431, S. 183-185.*

28 *Vgl.: Palacký: Der Hussitenkrieg 1419-1431, S. 189-197; Verney: Warrior of God, S. 102-106.*

29 *Vgl.: Palacký: Urkundliche Beiträge I, Nr. 78, S. 78-81, Nr. 80, S. 83-84; Seibt: Konrad von Vechta, S. 246-249.*

30 *Vgl.: Palacký: Urkundliche Beiträge I, Nr. 107, S. 105.*

31 *Vgl.: Palacký: Der Hussitenkrieg 1419-1431, S. 199-202; Šmahel: Hussitische Revolution II, S. 1159-1165; Verney: Warrior of God, S. 107-109.*

32 *Vgl.: Palacký: Der Hussitenkrieg 1419-1431, S. 202; Verney: Warrior of God, S. 109-110.*

Die Prager folgten Žižkas Hilfeersuchen und schickten ihm ein 7.000 Mann starkes Heer mit 320 Wagen entgegen, das sich Mitte Februar bei Dobritsch (Dobříč) mit den Taboriten vereinigte. Als die beiden Heere nach Westen zogen, verließ König Sigismund den Pilsner Kreis und reiste nach Leitmeritz zurück, von wo er Ende Februar nach Ungarn weiter zog. Das hussitische Heer machte sich an die Belagerung Pilsens. Nachdem ihre Geschütze die Stadtmauern an mehreren Stellen schwer beschädigt hatten, willigten die Pilsener in Verhandlungen ein, die in einem bis 1422 gültigen Waffenstillstand mündeten. Darin stimmte der Rat der Stadt zu, den König um die Annahme der Prager Artikel zu bitten. Während der Waffenruhe besserten die Bürger ihre Stadtmauern aus und verstärkten sie umfangreich.[33] Der Widerstand der westböhmischen Adligen gegen die Hussiten im sogenannten *„Pilsener Landfrieden"* sicherte vor allem die fränkischen und bayerischen Reichsgebiete besser gegen hussitische Übergriffe ab.[34]

Die Hussiten zogen nun weiter in den Saatzer Kreis und schlossen die immer noch stark deutsch geprägte Stadt Komotau (Chomutov) ein. Nach zwei Tagen fiel die Stadt am 16. März 1421 im Sturm. Die Hussiten, die vorher von den Verteidigern verspottet worden waren, richteten ein wahres Blutbad an und sollen nur einige Frauen und Kinder, sowie 30 Männer geschont haben. Eineinhalb- bis zweieinhalbtausend Menschen wurden ermordet und die Stadt anschließend verbrannt.[35]

Das Schicksal Komotaus hatte eine solch abschreckende Wirkung auf die Bevölkerung in der Region, dass sie in der Folgezeit freiwillig den Hussiten ihre Tore öffnete. Laun (Louny) und Saatz (Žatec) leisteten ihnen keinerlei Widerstand. Jan Žižka kehrte im März nach Tabor zurück, doch die vereinigten Heere operierten weiterhin im Norden Böhmens.[36]

Im Osten des Landes mussten die Königgrätzer Hussiten am 22. März eine schwere Niederlage hinnehmen. Sie waren mit einem Aufgebot gegen das Kloster Opatowic gezogen. Auf dem Marsch wurden sie von einem königlichen Reiterheer bei Podolschan angegriffen und schwer geschlagen, wobei sie allein 300 Gefangene verloren. Diese Niederlage führte dazu, dass das im Norden operierende vereinte Heer nach Osten marschierte, um die Königgrätzer zu unterstützen. Auf ihrem Marsch eroberten sie Tussen an der Elbe und Böhmisch-Brod (Český Brod). Die wenigen deutschen Söldner, die diese Stadt verteidigten, flüchteten sich in eine Kirche, die daraufhin von den Angreifern angesteckt wurde. Die Einnahme Böhmisch-Brods hatte dieselbe abschreckende Wirkung, wie die von Komotau wenige Wochen zuvor. In schneller Folge öffneten Kolin, Nimburg (Nymburk), Koslau (Kozlov) und das Kloster Opatowic sowie etliche Burgen und die Deutschordenskommende Dobrowic den Hussiten ihre Tore. Nicht immer schützte die freiwillige Übergabe vor dem Zorn der Hussiten. Das von ihnen gehasste Kloster Opatowic wurde nach der Übergabe niedergebrannt. Von den ostböhmischen Städten blieb lediglich Jermer (Jaroměř) im Besitz des Königs.[37]

Nach dem Ablauf des Waffenstillstandes in Südböhmen, schickten sich die Hussiten erneut an Budweis zu erobern. Auch in Mähren wurden sie immer aktiver und bedrohten Znaim, dessen Bürger flehentliche Briefe an Sigismund richteten und um militärischen Beistand baten. Die Hussiten drangen sogar in Niederösterreich ein und zerstörten das Städtchen Dobersberg.[38]

In Mähren schloss das vereinte Heer der Taboriten und Prager die Stadt Jermer ein, die in der Markgrafschaft ein ähnlich wichtiger Stützpunkt der Königstreuen war, wie Kuttenberg in Böhmen. Beim ersten Sturmversuch am 13. Mai 1421 gelang es den Hussiten die Gräben um die Stadt zu besetzen, weswegen die Verteidiger sich freien Abzug erbaten. Dieser wurde ihnen zwar gewährt, aber beim Auszug der Bevölkerung zwei Tage später fielen die Taboriten über etliche Bürger von Jermer her, erstachen sie oder ertränkten sie in der Elbe. Alle Priester, die sich nicht zu den Prager Artikeln bekannten, wurden verbrannt. Jermer blieb anschließend bis in die Zeit der Gegenreformation eine hussitische Hochburg.[39]

Als sich am 29. Mai die Stadt Leitmeritz und am 7. Juni die Besatzung des Hradschin in Prag den Hussiten ergaben, hatte die Bewegung die Kontrolle über fast ganz Böhmen bis auf wenige an der Peripherie gelegene Städte und Burgen erlangt.[40]

Den Taboriten machten 1421 allerdings auch innere Streitigkeiten große Probleme. Ihre wichtigsten militärischen Führer, wie Žižka, distanzierten sich zunehmend von ihrem geistigen Oberhaupt Martin Húska. Dieser hatte den Glauben immer radikaler ausgelegt und versuchte in Tabor eine standesfreie Gütergemeinschaft einzuführen. Daher wurde er im April 1421 dazu gezwungen, Tabor mit seinen Anhängern zu verlassen. Als er wenig später in die Stadt zurück gerufen wurde, geschah dies nur, da man ihn zum Widerruf seiner Thesen zwingen wollte. Húska weigerte sich. Er konnte gefangen genommen werden, widerrief seine Lehren jedoch selbst unter der Folter nicht. Am 21. August 1421 wurde er in Roudnice verbrannt.[41]

Dem Priester wurde unter anderem vorgeworfen, den Pikarden nahe gestanden zu haben. Diese waren eine neue Gruppierung der Taboriten, die den Kelch und die Hostie ablehnten und stattdessen gewöhnliches Brot einfach unter der Messgemeinde verteilten. Neben anderen theologischen Differenzen war es vor allem diese Praxis, die gegen eines der hussitischen Grundprinzipien verstieß und sogar die Taboriten gegen diese Glaubensgemeinde aufbrachte. Die Pikarden wurden daher von allen übrigen Hussiten verfolgt und im Laufe des Jahres 1421 vernichtet. Am schwersten traf es eine weitere Subgruppe, die Adamiten. Diese bezeichneten sich als direkte Nachfolger von Adam und Eva und lehnten daher alle kirchlich gebundenen Formen des Christentums ab. Angeblich bewegten sie sich in ihrer Gemeinde überwiegend unbekleidet und feierten sexuelle Orgien unter freiem Himmel. Diese sexuelle Freizügigkeit war den eher puritanischen Taboriten noch stärker zuwider. Žižka sandte einen seiner Hauptleute, Borek Klatovsky, gegen die adamitische Hochburg im Tal des Nežárka Flusses. Doch der erste Angriff der Taboriten

33 *Vgl.: Palacký: Der Hussitenkrieg 1419-1431, S. 203-204.*

34 *Vgl.: Bleicher: Das Herzogtum Niederbayern, S. 196.*

35 *Vgl.: Palacký: Der Hussitenkrieg 1419-1431, S. 205-206; Bleicher: Das Herzogtum Niederbayern, S. 110; Verney: Warrior of God, S. 111-112.*

36 *Vgl.: Palacký: Der Hussitenkrieg 1419-1431, S. 206; Verney: Warrior of God, S. 112-113.*

37 *Vgl.: Palacký: Der Hussitenkrieg 1419-1431, S. 207-209; Šmahel: Hussitische Revolution II, S. 1163-1165.*

38 *Vgl.: Stöller: Österreich im Kriege gegen die Hussiten, S. 13-14.*

39 *Vgl.: Palacký: Der Hussitenkrieg 1419-1431, S. 215-216; Šmahel: Hussitischc Revolution II, S. 1166-1167.*

40 *Vgl.: Palacký: Der Hussitenkrieg 1419-1431, S. 220-221.*

41 *Vgl.: Palacký: Der Hussitenkrieg 1419-1431, S. 211-240; Šmahel: Hussitische Revolution II, S. 1131-1158*

wurde abgewehrt und Borek getötet. Schließlich musste Žižka selbst sich ins Tal der Nežárka begeben. Unter seiner Führung stürmten die Taboriten die auf einer Insel im Fluss gelegene Burg. Die meisten Adamiten kamen in der Schlacht um. Vierzig Gefangene wurden später verbrannt.[42]

Der Zweite Hussitenkreuzzug

Ende Februar 1421 war in Nürnberg ein neuer Reichstag zusammen getreten. Die vier rheinischen Kurfürsten, die Erzbischöfe von Mainz, Trier und Köln sowie Pfalzgraf Ludwig, einigten sich, dem König auch zukünftig im Kampf gegen die böhmischen Ketzer beizustehen. Dafür legten Ludwig und Konrad von Mainz sogar ihre eigenen territorialen Differenzen vorrübergehend bei. Auch die übrigen hohen Würdenträger des Reiches, die wenig später in Nürnberg eintrafen, die Markgrafen von Meißen und Baden, der Landgraf von Hessen und die Bischöfe von Würzburg und Speyer sagten ihre Unterstützung zu. Am 13. April erschien der neue päpstliche Legat, Kardinal Branda de Castiglione, vor dem Fürstenkolleg. Er hatte die Vollmacht Martins V., an sämtliche Kreuzzugsteilnehmer Ablassbriefe auszustellen. Mit aller Vehemenz forderte er die Reichsfürsten zur Unterstützung für das bevorstehende Kriegsunternehmen auf.

Im Sommer 1421 sammelten sich die Truppen des Reiches um Eger. Einige Zeitgenossen schätzten die Stärke des Aufgebots auf 100.000 Reiter, andere sprachen von 200.000 Mann, wohl Ritter und Fußvolk. Zwar war das Reich theoretisch durchaus in der Lage ein solches Heer auf die Beine zu stellen, dennoch scheinen diese Schätzungen eher zweifelhaft. Nie standen die vielen Fürsten so geschlossen beieinander, als dass ihre militärischen Kapazitäten auch wirklich voll ausgeschöpft werden konnten.[43] Auch stellt sich die Frage, ob es Sigismund möglich gewesen wäre, eine so starke Armee in einem vergleichsweise schon etwas dünner besiedelten Land wie Böhmen zu versorgen. Man bedenke hierbei, dass Friedrich II. im 2. Schlesischen Krieg oder im Bayerischen Erbfolgekrieg mit wesentlich kleineren Heeren versorgungstechnisch bereits an seine Grenzen stieß.

Im Brief eines deutschen Kriegsteilnehmers vom 22. September 1421 heißt es daher auch: *„wisse ouch, das die herolt uberslagent habend, daz wir von ritterschaft bi den viertausend ritteren und knechten habent.“*[44] Rechnet man das Fußvolk nach dem Nürnberger Anschlag von 1422 auf fünf bis sechs Knechte pro Reiter, so würde dies das Heeresaufgebot des zweiten Kreuzzugs bereits auf viel realistischere 30.000 Mann reduzieren,[45] eine immer noch durchaus imposante Streitmacht. Diese Armee bestand vor allem aus den Verbänden der vier rheinischen Kurfürsten von Köln, Mainz, Trier und der Kurpfalz. Dazu kamen ein weiteres Heer, das Sigismund selbst aus Ungarn heranführen wollte, sowie das Aufgebot Herzog Albrechts von Österreich.[46]

42 *Vgl.: VERNEY: Warrior of God, S. 116-118.*

43 *Vgl.: PALACKÝ: Der Hussitenkrieg 1419-1431, S. 241-244, 251-252; KROCKER: Sachsen und die Hussitenkriege, S. 3.*

44 *Zit.: KROCKER: Sachsen und die Hussitenkriege, S. 3-4 „wisse auch, dass die Herolde überschlagen haben, dass wir von der Ritterschaft etwa 4.000 Reiter und Knechte haben.“*

45 *Vgl.: KROCKER: Sachsen und die Hussitenkriege, S. 4.*

46 *Vgl.: STÖLLER: Österreich im Kriege gegen die Hussiten, S. 14.*

Friedrich der Streitbare, Markgraf von Meißen, konnte bereits am 5. August ein kleines hussitisches Heer nahe Brüx zur Schlacht stellen. Hier hatte eine Abteilung Prager unter dem radikalen Jan Želivský beim Dorf Saras eine Wagenburg errichtet, von der aus sie die umliegenden Länder verheerten und Angriffe auf das Brüxer Schloss starteten. Die Stadt war jedoch gut befestigt und verfügte zu ihrer Verteidigung über moderne Kanonen, für die sie sich Pulver von Friedrich dem Streitbaren geliehen hatte *„in unsern groszen beswerungen und noten wider dy Thyborn, Wicleffen und Hussen, unsere swere finde, die vor uns und unser stat gelegen sint und uns mit machte haben wollen uberhoupt gewinnen.“*[47] Doch das Eintreffen des meißnischen Heeres überraschte die Hussiten zunächst. Als die Meißner sich am 5. August von Norden her der Stadt näherten, zogen die Prager ihnen dennoch zuversichtlich an der Flanke eines Höhenzuges entgegen. In einem scheinbar günstigen Moment griffen sie die Ritter auf offenem Feld an. Dies erwies sich alsbald als schwerwiegender Fehler. Die Meißner waren frisch und ausgeruht und hielten ihre Formation, sodass sich der hussitische Angriff schnell tot lief. Als dann auch noch die Brüxer Schlossbesatzung einen Ausfall wagte und die Prager in der Flanke packte, begannen deren Reihen zu wanken. Die Hussiten wichen zurück, dicht verfolgt von den Meißnern. Jetzt gerieten die Ritter in das Feuer der hussitischen Geschütze, welches jedoch dieses Mal nicht die erhoffte Wirkung zeigte. Die Meißner drangen weiter vor, was eine Panik unter den Pragern auslöste. Sie ließen ihre Geschütze und die Wagenburg zurück und flohen die Elbe hinauf. Für Želivský bedeutete diese Niederlage nicht nur einen militärischen Rückschlag, sondern sie schwächten auch seine politische Stellung.[48]

Am 28. August zogen die rheinischen Truppen landverheerend das Egertal hinab. Erstaunlicherweise berichten sogar deutsche Quellen vom unbarmherzigen Vorgehen der Heeresführer: *„Also lassen wir ewr weisheit wissen, daz vns ein vnser guter frewnde botschaft getan vnd verschriben hat auf sölich meynung, daz vnser gnedig herren ... die Kurfürsten haben sich am nehstuergangen pfintztag (28 Aug.) zu Eger erhaben zu ziehen vnd sie meynten als am nehstuergangen sunntag (31 Aug.) yenseit walds zu einander zu komen, sich da zu vnterreden vnd all sache für hand zu nehmen. Item vnser Herren .. die kurfürsten haben einen offen markt zu Eger rüffen lassen, vnd daz man im lant zu Beheim meniklich tot stahen sülle awszgenomen kinder, die ir vernunft nit haben, vnd daz man auch kein frawn in dem her mitfüren noch ziehen lasen solle.“*[49]

47 *Zit.: CDS 1 B 4, Nr. 177, S. 108 „in unseren großen Beschwernissen und Nöten gegen die Taboriten, Wycleffisten und Hussiten, unsere tiefsten Feinde, die vor uns und unserer Stadt lagern und uns mit Macht überwinden wollen.“*

48 *Vgl.: PALACKÝ: Der Hussitenkrieg 1419-1431, S. 246-249, 279-288; ŠMAHEL: Hussitische Revolution II, S. 1200-1203; Meinhardt: Im Dienste des Königs, S. 117; KROCKER: Sachsen und die Hussitenkriege, S. 5; PURTON: Late Medieval Siege, S. 236.*

49 *Zit.: PALACKÝ: Urkundliche Beiträge I, Nr. 134, S. 144 „Also lassen wir Euer Weisheit wissen, dass uns ein guter Freund die Botschaft übermittelt und geschrieben hat und nach solcher Meinung, dass unsere gnädigen Herren ... die Kurfürsten haben sich am nächsten Pfingsttag nach Eger zu ziehen und sie meinten am nächsten Sonntag jenseits des Waldes zusammenzukommen, sich dort zu unterreden und die Sache in die Hand zu nehmen. Zudem haben unsere Herren, die Kurfürsten auf dem Markt zu Eger offen ausrufen lassen, und dass man im Land zu Böhmen jeden tot schlagen solle, ausgenommen Kinder, die ihre Vernunft nicht haben, und dass man auch keine Frauen im*

Diese Darstellung aus dem *Jenaer Kodex* zeigt eine klassische Reiterschlacht zwischen Hussiten (links) und Kreuzfahrern (rechts). Unter den hussitischen Reitern befindet sich auch ein berittener Armbrustschütze. Bemerkenswert ist die Darstellung eines Kreuzfahrers, der ein Kind auf seine Lanze aufgespießt hat.

Darstellung eines Kriegswagens in Konrad Kyesers *„Bellifortis“*. Interessant ist die gute Ausrüstung der beiden mitfahrenden Fußsoldaten mit nahezu vollständiger Rüstung, inklusive Hundsgugel. Der rechte Soldat scheint eine Art Kriegsflegel zu führen, der linke eine Kriegssense.

Gleichzeitig marschierten die meißnischen Truppen über das Erzgebirge heran und nahmen Komotau und Kaden (Kadaň) ein. Die hussitische Besatzung Komotaus zündete die Stadt an und zog sich nach Saatz zurück. Unterstützung wurde durch weitere Truppen aus Schlesien und von den Lausitzer Sechsstädten aus Nordosten sowie durch Sigismunds Heer aus Süden erwartet.

Die rheinische Armee eroberte Anfang September das kleine Maschau (Mašt´ov), wo die Truppen fürchterliche Ausschreitungen begingen, wie der oben erwähnte Nürnberger Beobachter berichtet: „*Der hawbtman auf dem sloss vnd VIII mit Im beliben bey leben und seyn der fürsten gefangen, die andern wurden yemerlich zu tod geslagen vnd verprant, der weren an einem sail LXXXIIII; ein pfaff vnd drey fund man dernach im haws, die wurff man vbder die mawr awsz vnd wurden auch verprant. Item das fussvolk, daz da awszlawft, was niht dewtsch kann oder einem Beheim gleich ist, das werde gefangen, zu tod geslagen vnd verprant.*“[50]

Nach diesem Erfolg zog das Heer vor die befestigte Stadt Saatz, wo der Vormarsch bereits ins Stocken geriet. Die Bürger der Stadt widerstanden sechs Sturmversuchen. Augenzeugen berichten, dass jeden Tag 100 bis 150 Soldaten des Kreuzheeres durch das Feuer der Kanonen in der Stadt ums Leben kamen. Die Zahl mag übertrieben sein, veranschaulicht aber den Eindruck, welchen der Einsatz der hussitischen Artillerie hinterließ. Die Versorgungslage beider Seiten verschlechterte sich rapide, da auf Streifzügen Getreidevorräte verbrannt wurden. Kreuzfahrer wie Hussiten versuchten lieber zu verhindern, dass sie dem Feind in die Hände fielen, als sie für die eigene Partei zu sichern.[51]

Die Meißner unter persönlicher Führung des Markgrafen waren nach der Einnahme Kadens in Richtung Elbe gezogen und versuchten die Burg Bilin und die Stadt Leitmeritz zu erobern. Am 13. September erschienen zwei Heeresabteilungen der Prager vor Bilin, bestehend aus Söldnern und schnell aufgebrachten Landaufgeboten. Daraufhin brachen die Meißner die Belagerung ab und zogen sich zum Hauptheer nach Saatz zurück.[52]

Das Taboritenheer unter Jan Žižka belagerte zu diesem Zeitpunkt zum zweiten Mal die mächtige Burg Rabí. Der alte Heerführer nahm persönlich am Sturm der Mauern teil, doch dabei traf ein Pfeil sein gesundes Auge. Trotz aller Bemühungen der besten Prager Ärzte erblindete Žižka nun vollständig.[53]

Besorgt über das Vordringen der Meißner stellte sich Žižka, sowie er sich einigermaßen von seiner Verwundung erholt hatte, dem Kreuzheer entgegen, dass noch immer mit der Belagerung von Saatz gebunden war. Hier zerstritten sich jedoch die fürstlichen Führer. Friedrich der Streitbare drängte darauf, die Stadt, die hartnäckigen Widerstand leistete, links liegen zu lassen und auf Prag zu ziehen, was der Kurfürst von der Pfalz jedoch nicht mit seiner Ehre vereinbaren konnte. Aber die Bewohner von Saatz dachten nicht daran, die Stadt zu übergeben. Die Verluste wuchsen so stark an, dass sich die Heerführer schließlich darauf beschränkten, die Stadt auszuhungern und das Umland auszuplündern. Das Heer zerbröckelte, täglich zogen mehr Ritter und Knechte in die Heimat ab. Schließlich war es so geschwächt, dass auch der Pfälzer auf die Nachricht vom Anmarsch Jan Žižkas für einen sofortigen Rückzug plädierte. Als das Kreuzfahrerheer sein Lager verbrannte, machte die Besatzung von Saatz einen Ausfall. Die Hussiten konnten etliche Büchsen, Armbrüste und anderes Kriegsgerät erbeuten und machten mehrere Hundert Gefangene.[54]

Im Süden marschierten erst jetzt Sigismund und Herzog Albrecht mit ihren Armeen heran. Der König rückte zunächst auf Olmütz vor und hatte bis November den Großteil Mährens wieder unter seine Kontrolle gebracht. Herzog Albrecht drang dagegen am 20. Oktober mit einem starken Heer in Mähren ein. Er entsetzte das bedrängte Znaim und eroberte das nördlich davon gelegene Jaspitz. Anschließend stürmte er das Schloss des Sezima von Kunstat, jenes hussitischen Adligen, der im Sommer den Vorstoß auf Niederösterreich angeführt hatte. Doch schon im November machte Albrecht kehrt und Sigismund stand mit seinem Heer allein in Böhmen.[55]

Žižka und die Prager beschlossen, die Kreuzfahrer dieses Mal gar nicht erst bis zur Hauptstadt vordringen zu lassen, sondern sie bei Kuttenberg zu stellen. Die Stadt hatte im Vorjahr eine wichtige Versorgungsbasis für Sigismund dargestellt. Sie war die zweitgrößte in Böhmen und ihre überwiegend deutsche Bevölkerung hatte sich der hussitischen Bewegung nicht angeschlossen. Außerdem war Kuttenberg durch den Silberbergbau zu beträchtlichem Wohlstand gelangt. Noch im Sommer hatten die Kuttenberger einen vergeblichen Feldzug nach Kolin unternommen. Nachdem das vereinte Heer der Prager und Taboriten seinen Siegeszug durch Nord- und Ostböhmen angetreten hatte, bat die Stadt jedoch um Schonung und unterwarf sich im April 1421 den Hussiten. Peter Zrmzlik wurde als oberster Vorsteher der Stadt eingesetzt, verstarb aber bereits im August, woraufhin Kuttenberg sich wieder dem Zugriff der Prager entzog. Die Hussiten besetzten die Stadt Mitte Dezember. Da sie sich nicht zur Verteidigung eignete, entschloss sich Žižka nach dem Eintreffen des Kreuzfahrerheeres seine Truppen auf dem nahen Sukberg aufzustellen. Unter kleinen Scharmützeln verließen die Hussiten die Stadt. Die Armee Sigismunds umstellte nun den Berg, auf dem die Hussiten eine Wagenburg gebildet hatten. Die große Anzahl der Kreuzritter, sie mochten wohl 10.000 Mann stark sein und bestanden aus Kontingenten aus Ungarn, Österreich, Mähren und Olmütz, erschreckte die Hussiten.[56]

Am 20. Dezember unternahmen die Kreuzritter einen ersten Vorstoß auf die feindliche Wagenburg. Doch anstatt seine Reiterei in einem Angriff auf die Wagenburg aufzuopfern, ließ Sigismund den Hussiten eine große Rinderherde entgegen treiben.

Heer mitführen noch ziehen lassen soll.“

50 *Zit.: Palacký: Urkundliche Beiträge I, Nr. 135, S. 145-146 „Der Hauptmann auf dem Schloss und VIII mit Ihm blieben am Leben und waren die Gefangenen der Fürsten, die anderen wurden jämmerlich tot geschlagen und verbrannt, da waren an einem Seil LXXXIIII; einen Pfaffen und drei fand man danach im Haus, die warf man über die Mauer raus und die wurden auch verbrannt. Zudem das Fußvolk, dass da ausläuft, wer kein Deutsch kann oder einem Böhmen gleich ist, das wird gefangen, totgeschlagen und verbrannt.“*

51 *Vgl.: Krocker: Sachsen und die Hussitenkriege, S. 4; Bleicher: Das Herzogtum Niederbayern. S. 110-111..*

52 *Vgl.: Palacký: Der Hussitenkrieg 1419-1431, S. 252.*

53 *Vgl.: Palacký: Der Hussitenkrieg 1419-1431, S. 249; Šmahel: Hussitische Revolution II, S. 1173.*

54 *Vgl.: Palacký: Der Hussitenkrieg 1419-1431, S. 249-254; Krocker: Sachsen und die Hussitenkriege, S. 5; Bleicher: Das Herzogtum Niederbayern, S. 111-112.*

55 *Vgl.: Palacký: Der Hussitenkrieg 1419-1431, S. 263-164; Stöller: Österreich im Kriege gegen die Hussiten, S. 15-17.*

56 *Vgl.: Verney: Warrior of God, S. 148-150.*

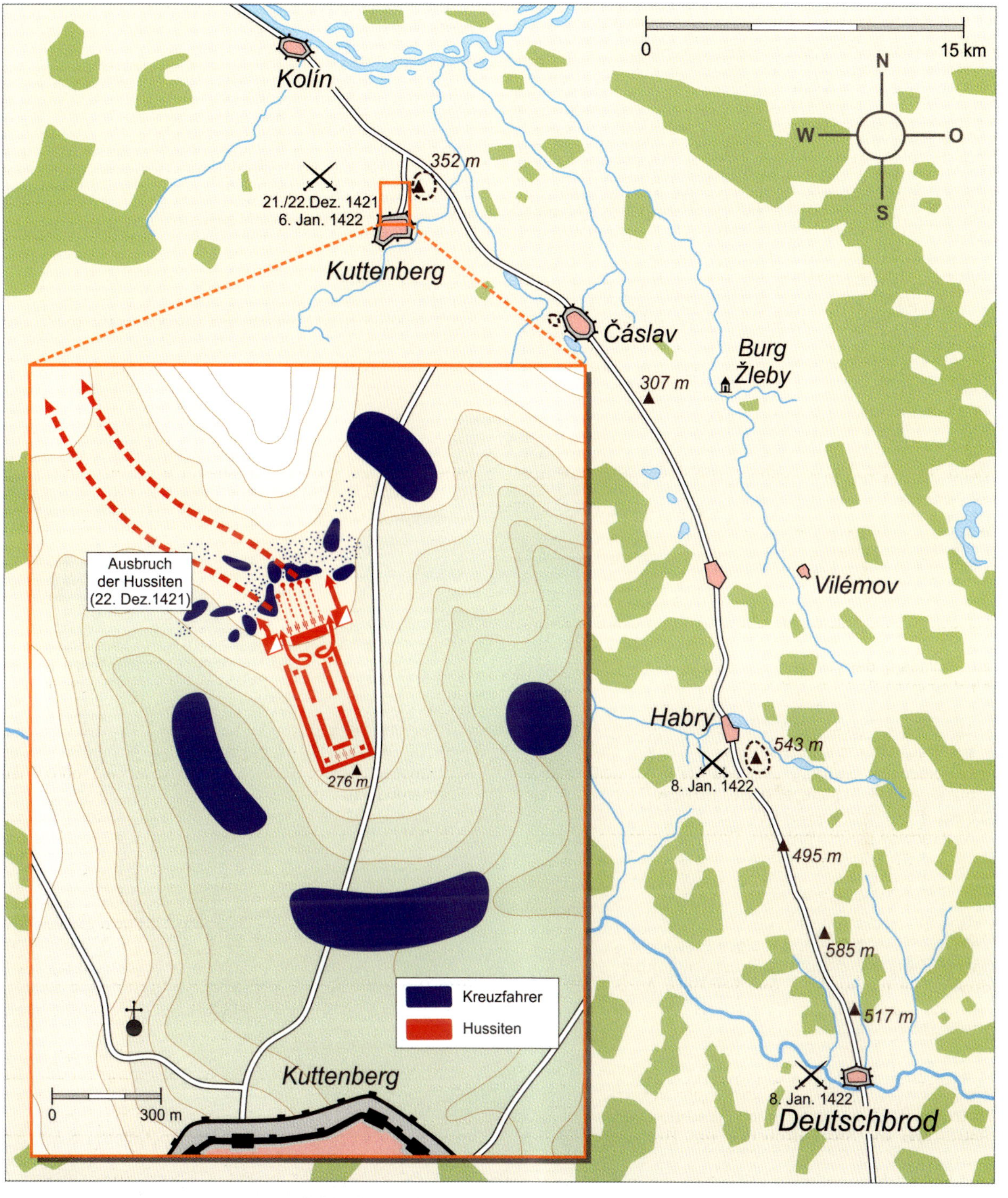

Schlacht bei Kuttenberg am 21./22. Dezember 1421

Nächste Doppelseite:
Diese Abbildung aus dem *„Kriegsbuch"* von Johannes Hartlieb ist eine der detailreichsten Darstellungen einer Schlacht während der Hussitenkriege. Auf der rechten Seite ist eine Wagenburg abgebildet. Die Wagenräder sind aneinander gekettet, damit die Wagen nicht auseinandergerissen werden können. Zwischen den Achsen der Räder befinden sich große Holzbalken, damit niemand darunter hindurch kriechen kann. Die Wagenbesatzung besteht aus Armbrust- und Büchsenschützen, sowie Fleglern. Der Mann in der Mitte des vorderen rechten Wagens wirft mit einem Stein. Auch bei den Fußsoldaten auf der linken Seite lassen sich viele Details erkennen, etwa das Spannen einer Armbrust mithilfe des Fußes und viele verschiedene Helmformen. Auffällig ist auch die häufige Darstellung von Kettenhemden. Der Infanteriehaufen auf dem Hügel gruppiert sich um eine große Bombarde. Unter den Reitern im Hintergrund befindet sich auch ein bewaffneter Armbrustschütze. Zu erkennen sind außerdem die beiden typischen hussitischen Wappensymbole: Gans und Kelch.

Auß gelesen her volk mag sich in wolgeristen wagen also Wesliessen vnd vergraben vnd groß vorthail haben vor allem gewalt

Während die Aufmerksamkeit des Feldheeres somit eine Weile gebunden war, drangen königliche Truppen in die Stadt ein. Die Kuttenberger Bergleute öffneten ihnen bereitwillig die Tore. Sofort nach der Inbesitznahme Kuttenbergs wurde die Jagd auf den hussitentreuen Teil der Bevölkerung eröffnet, was in einem weiteren Gemetzel endete.[57]

Žižka beschloss in der folgenden Nacht aus der Umklammerung auszubrechen. Er stellte mehrere Geschütze an der Schmalseite seines Lagers auf, gedeckt vom Fußvolk und flankiert von der Reiterei. In den frühen Morgenstunden feuerten die Kanonen eine geschlossene Salve, welche große Verwirrung unter den schlafenden Kreuzfahrern anrichtete. Gleich darauf stürzte sich die hussitische Reiterei in das feindliche Lager und vergrößerte das Chaos. Diesen Moment nutzte Žižka. Er ließ seine Wagenburg auflösen und durch das feindliche Lager abfahren, wobei die Schützen ein beständiges Feuer aufrecht erhielten. Der Durchbruch gelang und die Kreuzfahrer setzten ihrem Gegner nicht weiter nach.[58]

Žižka zog sich nach Kolin zurück, wo er weitere Männer zusammenzog. Sigismund beschloss hingegen, seine Truppen südlich von Kuttenberg in ihre Winterquartiere zu legen. Sein italienischer Heerführer Pippo Spano empfahl ihm zwar, sich aus Böhmen zurückzuziehen, da die Moral ihrer Söldner nach der Niederlage merklich gesunken war. Doch Sigismund befürchtete keinen weiteren Angriff durch die Hussiten.

Da eine Verfolgung ausblieb, beschloss Žižka wenig später kehrt zu machen und Sigismund nun seinerseits anzugreifen. Am 6. Januar attackierte er die zerstreut bei Kuttenberg lagernden Truppen des Königs und zersprengte sie. Die Kreuzfahrer zogen sich nach Deutschbrod (Havlíčkův Brod) zurück. Doch die Hussiten setzten ihnen hartnäckig nach und griffen am 8. Januar erneut an. Die Ungarn wurden schwer geschlagen und flüchteten über die Sazava zurück. Da sich der Strom der Flüchtenden an einer schmalen Brücke staute, versuchten etliche Ritter den zugefrorenen Fluss zu überqueren. Doch unter dem Gewicht der schwer gepanzerten Reiter brach das Eis an mehreren Stellen ein. Schnell füllte sich der Strom mit Wagen, Pferden und um ihr Leben strampelnden Männern. Etliche Kreuzfahrer ertranken oder erfroren. In den nächsten Tagen sollen die Leichen von 548 Rittern aus den eisigen Fluten gezogen worden sein. Den Hussiten fielen große Mengen Kriegsmaterial, u. a. Wagen und Geschütze, in die Hände.[59]

Die Hussiten begannen sogleich mit der Belagerung von Deutschbrod. Die Beschießung der Mauern verursachte so mächtige Schäden, dass die Besatzung am Tag nach der Schlacht in die Kapitulation einwilligen wollte. Zu diesem Zeitpunkt waren jedoch schon einige der Belagerer in die Stadt eingedrungen, die von ihnen geplündert und vollständig zerstört wurde. Die Hussiten feierten ihre Siege in diesem Winterfeldzug ausgiebig. Mehrere Männer wurden vor Deutschbrod zu Rittern geschlagen. Sigismund war ob seiner erneuten Niederlage so geschockt, dass er Böhmen mehrere Jahre lang nicht betreten und die Führung seiner Heere in Zukunft anderen übertragen sollte.[60]

Während der König vor den siegreichen Scharen Žižkas floh, hatte Herzog Albrecht Anfang Januar bereits ein neues Heer in Eggenberg versammelt. Doch durch die katastrophale Niederlage Sigismunds wagte er vorerst keinen weiteren Vorstoß auf mährisches Gebiet. Die Hussiten rückten am 10. März auf Jamnitz vor, dass sie vergeblich belagerten. Als den Bürgern ein kleines österreichisches Entsatzheer zu Hilfe kam, ergriffen Žižkas Truppen sogar die Flucht. Trotzdem gelang es ihnen im Laufe des Frühjahrs 1422 ihre Position in Mähren wieder zu stärken.[61]

In Prag fanden derweil entscheidende politische Umbrüche statt. Gegen Jan Želivský baute sich eine wachsende oppositionelle Gruppe um den charismatischen Priester Jakobellus von Mies auf, der mit seinen Schriften eine theologische Grundlage für den bewaffneten Kampf der Hussiten geschaffen hatte. Jakobellus ließ Želivský am 7. März 1422 wegen Gewalttätigkeit anklagen und zwei Tage später auf dem Marktplatz von Prag hinrichten. Die Enthauptung des Priesters führte jedoch zu einem Aufruhr in der Stadt. Nach wie vor hatte Želivský eine starke Anhängerschaft innerhalb der Armen der Neustadt. Diese Anhänger zogen mordend und plündernd durch Prag und setzten mehrere Ratsleute fest. Besonders schlimm wurde das jüdische Viertel verwüstet, obwohl die Söhne Abrahams mit dem Tod Želivskýs nichts zu tun hatten. Bei den anschließenden Ratsneuwahlen wurden die meisten Positionen mit Anhängern Želivskýs besetzt. Doch der Partei fehlte der politische Kopf. Es sollte sich bald bemerkbar machen, dass es Želivský gewesen war, der die gemäßigten Prager, die Armen der Neustadt sowie die Taboriten und Orebiten zu gemeinsamen Handeln hatte bewegen können. Nach seiner Hinrichtung entwickelten sich aus inneren Differenzen offene Spaltungen.

Der Dritte Hussitenkreuzzug

Aufgrund der angespannten Lage in Südböhmen sah sich König Sigismund gezwungen, dem Herzog von Österreich größere Zugeständnisse zu machen, um ihn als Bundesgenossen zu erhalten. Albrecht wurde zum Stadthalter Mährens ernannt und erhielt erweiterte Machtbefugnisse über Brünn (Brno) und eine Reihe anderer Städte. Der Herzog erhielt Subsidien aus der Kasse des Königs und des Papstes und außerdem unterhielt Sigismund 1.000 Spieße auf mährischem Boden. Tatsächlich errang Albrecht im Frühjahr 1422 einige Erfolge in Südböhmen zu erringen.[62]

Gleichzeitig begannen sich in Böhmen weitere Anzeichen einer Spaltung der hussitischen Bewegung abzuzeichnen. Da sie Sigismunds Krönung für ungültig erklärt hatten, bemühten sich die Hussiten um einen Gegenkandidaten. Dieser sollte nach Möglichkeiten auch eine internationale Anerkennung der Bewegung bewirken, also selbst aus dem Ausland kommen. Ein erster Versuch, den polnischen König Wladislaw Jagiello zur Annahme der Krone zu bewegen,

57 *Vgl.: Palacký: Der Hussitenkrieg 1419-1431, S. 265-269; Šmahel: Hussitische Revolution II, S. 1229-1231; Durdík: Hussitisches Heerwesen, S. 206-207; Verney: Warrior of God, S. 150.*

58 *Vgl.: Palacký: Der Hussitenkrieg 1419-1431, S. 269-271; Šmahel: Hussitische Revolution II, S. 1231; Durdík: Hussitisches Heerwesen, S. 207-209; Verney: Warrior of God, S. 152.*

59 *Vgl.: Palacký: Der Hussitenkrieg 1419-1431, S. 271-273; Šmahel: Hussitische Revolution II, S. 1231-1232; Durdík: Hussitisches Heerwesen, S. 211-212; Verney: Warrior of God, S. 153-155.*

60 *Vgl.: Palacký: Der Hussitenkrieg 1419-1431, S. 273-274; Šmahel: Hussitische Revolution II, S. 11232-1233; Durdík: Hussitisches Heerwesen, S. 212; Verney: Warrior of God, S. 156-157.*

61 *Vgl.: Stöller: Österreich im Kriege gegen die Hussiten, S. 18-19.*

62 *Vgl.: Stöller: Österreich im Kriege gegen die Hussiten, S. 19.*

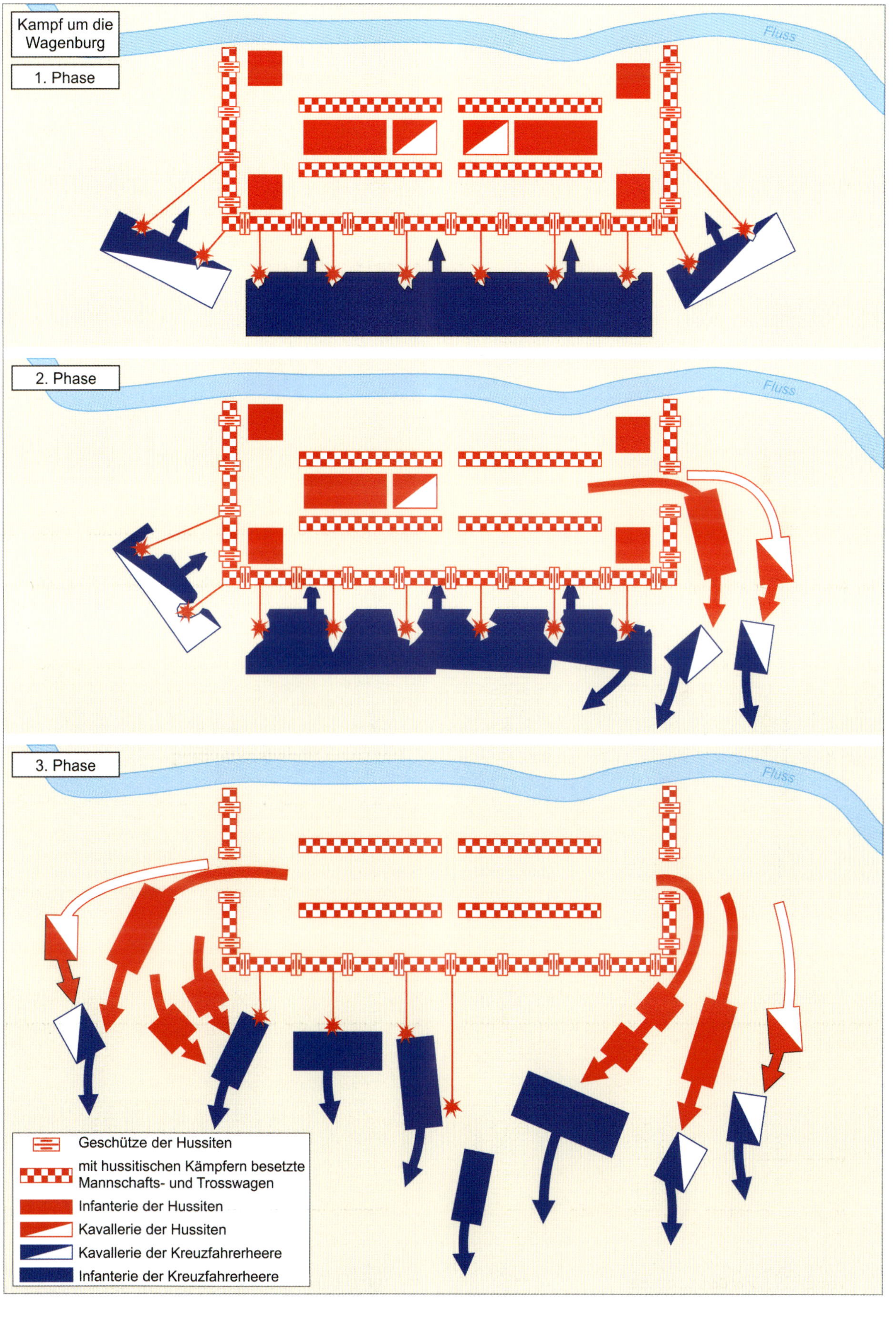
Kampf um die Wagenburg
1. Phase
Fluss
2. Phase
Fluss
3. Phase
Fluss
Geschütze der Hussiten
mit hussitischen Kämpfern besetzte Mannschafts- und Trosswagen
Infanterie der Hussiten
Kavallerie der Hussiten
Kavallerie der Kreuzfahrerheere
Infanterie der Kreuzfahrerheere

scheiterte. Dafür entsandte dessen Bruder Witold, der Großfürst von Litauen, im April seinen Neffen Sigismund Korybut mit einem Heer nach Prag. Er war bereit die Wenzelskrone zu akzeptieren. Korybut sollte als Landesverweser fungieren. Es gelang ihm, die verschiedenen sich streitenden Bewegungen vorübergehend zu vereinigen. Selbst Žižka ordnete sich ihm unter. Wladislaw Jagiello war mit der Entsendung Korybuts einverstanden. Er sah hierin vor allem ein Mittel, um Druck auf Sigismund auszuüben, damit dieser seine Unterstützung für den Deutschen Orden in Preußen einstellte. Dass Witold sich nicht selbst nach Böhmen begab, lag vor allem daran, dass er den Bann des Papstes fürchtete. Durch die Entsendung eines Stellvertreters konnte er die politische Verantwortung jederzeit abschieben.[63]

Doch in religiöser Hinsicht nahm Jan Žižka zunehmend eine eigenständige Haltung ein. Nach der Hinrichtung Jan Želivskýs distanzierte er sich sowohl von den Pragern als auch von den taboritischen Priestern. Er bezog eine Haltung zwischen beiden Parteien, basierend auf den religiös-politisch motivierten Ideen, die denen der ostböhmischen Orebiten nahe gestanden haben sollen. Seine Anhänger formten nach Žižkas Tod eine eigene religiöse Partei, die sich von den Taboriten u. a. dadurch unterschied, dass sie nach wie vor Heilige verehrte, die Fastenzeit einhielt, an die Transsubstantion glaubte und Gottesdienste im Ornat durchführen ließ. Dafür lehnte auch Žižka die Standesunterscheidung ab. Trotzdem wurde die Spaltung zwischen seinen Anhängern und den Taboriten im Laufe des Jahres 1422 so deutlich, dass beide religiösen Gruppen nun auch eigene Heere aufstellten und Žižka die Taboriten nicht mehr selbst befehligte.[64]

Doch vorerst konnte Korybut diese neuen Gruppen zusammenhalten. Diese Einigung ermöglichte es den Hussiten in Südböhmen und Mähren wieder aktiv zu werden. Sie gewannen mehrere Städte zurück und drangen erneut bis nach Österreich vor, wo eine Anzahl von Grenzorten in Flammen aufging.[65]

Der 1422 gestartete Dritte Kreuzzug hatte bereits mehr den Charakter einer Entsatzaktion als eines Unterwerfungsfeldzuges. Das Heer, welches hierfür zusammengestellt wurde, sollte die königliche Burg Karlstein (Karlštejn) nördlich von Prag entsetzen. König Sigismund beauftragte Friedrich I. von Brandenburg mit der Führung eines Heeres, dass etwa 4.000 Ritter und 30.000 Fußknechte zählte.[66]

Die Bemühungen zur Aufstellung dieses Entsatzheeres kamen allerdings nur sehr langsam voran. So berichtete der Bischof von Würzburg am 29. September 1422, *„wie unsere heere die Marggraue von Missen nicht fil Volks gewynne, so versten wir auch sust wol, dasz sie von Reysigen zewge nicht seer stark werden, als sie dann hie disseyd waldes nymand geworben haben, wiewohl derselben viel gerne mit jn geritten weren.“*[67] Und schon am zweiten Oktober sprach sich der Bischof dafür aus, *„So man vmb Nuremberg verstunde und sehe, dasz dis Zugk nit trefflich furgehen wurde, dasz dann besser were, man kerte in der Zyt hie awssen umb, denn dortynnen.“*[68] Dem Markgrafen von Meißen, der sein Heer im Erzgebirge sammelte, ließ Friedrich mitteilen, dass er Anfang Oktober nur etwa 1.700 Reiter beisammen habe. Der Wettiner antwortete darauf, *„dasz vnser bruder, vnser vetter vnd wir dryhundert mit glefningen vnd dryen hundert schutzzen und mit dem, dasz dartzu gehoret wol dry Tusend Pferde haben werden. Auch hat vns Hans von Polentzk geschriben, dasz Er hans von Biberstein mit hundert spissen zu dem Lande zcu Lusitz kommen solle.“*[69] Wenig später stellte Friedrich der Streitbare jedoch mit großer Besorgnis fest, dass er auf sich allein gestellt war. So berichtete Wilhelm II. am 9. Oktober in einem Schreiben an Friedrich I. von Brandenburg, dass die Lausitz kaum mehr als 40 Gewappnete aufbringen könnte. Besser sah es um die schlesischen Fürsten und den Sechsstädtebund aus. *„Ouch habin die Polnischen fursten und die fursten zu der Slesien und zu den sechssteten nicht danne anderthalb hundert gewopente, sundern uf waynen und zcu fusse eyns mit dem andern, das es louffet wol uf vier tusent man.“*[70]

Am 14. Oktober marschierte das Heer Friedrichs von Brandenburg, das wesentlich schwächer war als erhofft, in Böhmen ein. Einen Tag später schickte er einen Boten an die Besatzung des Karlsteins, der diese informieren sollte *„So wollen wir weder leib noch blut sparen vnd euch getrewlich zu rettung und zu hilffe komen nach allem vnseren vermügen.“*[71] Allerdings hielt Friedrich sein Heer dazu selbst für viel zu schwach und bat wenig später den Markgrafen von Meißen, ihm zu Hilfe zu eilen. Der Brandenburger begab sich selbst nach Nordböhmen, um sich am 20. Oktober bei Brüx mit dem Wettiner zu beraten. Anschließend kehrte er nach Tachau zurück, und bat die westböhmischen Adligen um militärischen Beistand. Friedrich von Meißen blieb mit seinen Truppen stehen, während Friedrich von Brandenburg nach Osten marschierte. Im Heer schienen Streitereien ausgebrochen zu sein, denn die Bischöfe von Würzburg und Bamberg zogen mit ihren Knechten wieder nach Hause, das Aufgebot aus Eger musste mit Gewalt bei der Stange gehalten werden,

63 *Vgl.: Palacký: Urkundliche Beiträge I, Nr. 193, S. 210; Palacký: Der Hussitenkrieg 1419-1431, S. 152-155, 185, 254-260, 301-312; Šmahel: Hussitische Revolution II, S. 1234-1256; Stöller: Österreich im Kriege gegen die Hussiten, S. 19-20; Bezold: Sigismund und die Reichskriege, S. 65-67.*

64 *Vgl.: Palacký: Der Hussitenkrieg 1419-1431, S. 290-296.*

65 *Vgl.: Palacký: Der Hussitenkrieg 1419-1431, S. 300-320; Stöller: Österreich im Kriege gegen die Hussiten, S. 20.*

66 *Vgl.: Palacký: Der Hussitenkrieg 1419-1431, S. 312-316; Krocker: Sachsen und die Hussitenkriege, S. 5. Nach dem Nürnberger Anschlag sollte es allerdings 5.910 Reiter und 37.400 Fußknechte zählen; Stöller: Österreich im Kriege gegen die Hussiten, S. 20-21 Auch Herzog Albrecht von Österreich stellte ein Aufgebot zusammen, welches jedoch nicht mehr zum Einsatz kam; Bleicher: Das Herzogtum Niederbayern, S. 123-127.*

67 *Zit.: Palacký: Urkundliche Beiträge I, Nr. 213, S. 239 „dass unsere Herren, die Markgrafen von Meißen nicht viel Volk gewinnen, so verstehen wir auch sonst wohl, dass sie an Reisigen nicht sehr stark werden, da sie dann diesseits des Waldes niemanden geworben haben, wiewohl von denselben viele gern mit ihnen geritten wären.“*

68 *Zit.: Palacký: Urkundliche Beiträge I, Nr. 214, S. 241 „So man in Nürnberg verstände und sähe, dass dieser Zug nicht trefflich vorgehen werde, dass es dann besser wäre, man kehre in der Zeit hier außen um, als da hinein.“*

69 *Zit.: Palacký: Urkundliche Beiträge I, Nr. 218, S. 244 „dass unser Bruder, unser Vetter und wir dreihundert mit Glefen und dreihundert Schützen und mit dem, was dazu gehört, wohl dreitausend Pferde haben werden. Auch hat uns Hans von Polenz geschrieben, dass Hans von Biberstein mit hundert spießen zur Lausitz kommen solle.“*

70 *Zit.: CDS 1 B 4, Nr. 212, S. 129 „Auch haben die polnischen Fürsten und die Fürsten zu Schlesien und zu den Sechsstädten nicht anderthalb hundert Gewappnete, sondern auch Wagen und zu Fuß eins mit dem anderen, dass es laufet wohl viertausend Mann.“*

71 *Zit.: Palacký: Urkundliche Beiträge I, Nr. 225, S. 252 „So wollen wir weder Leib noch Blut sparen und euch getreulich zur Rettung und zu Hilfe kommen nach all unserem Vermögen.“*

während der Markgraf von Meißen nicht aus Brüx ausrücken wollte. In den Aufgeboten der Schlesier und Lausitzer war eine schwere Seuche ausgebrochen, die beide zur Umkehr zwang.[72]

Die Bemühungen der Hussiten, den Karlstein zu Fall zu bringen, wurde inzwischen durch innere Zwistigkeiten in Gefahr gebracht. Während das Heer der Prager, etwa 4-5.000 Mann und 200 Reiter stark, vor der Festung lagerte, versuchte ein Aufgebot der Taboriten sich des Hradschin zu bemächtigen. Der Handstreich wurde jedoch von den Bürgern der Stadt abgewehrt. Die Unruhen in der Hauptstadt zwangen Sigismund Korybut des Öfteren, die Belagerungstruppen vor dem Karlstein zu verlassen und seine wackelige Herrschaft zu festigen. Er wagte aber nicht, Žižka und die Taboriten um militärische Unterstützung zu bitten. Korybut fürchtete, dass er dadurch in eine militärische Abhängigkeit geraten könnte, aus der schnell auch eine politische werden konnte.[73]

Der verhinderte Staatsstreich vertiefte jedoch die Kluft zwischen den Pragern und den Taboriten noch weiter. Diese radikalisierten sich unter der Führung von Václav Koranda immer weiter. Während das taboritische Heer im Feld stand, fanden in der südböhmischen Festung im Laufe des Jahres 1422 eine Reihe von Synoden statt, die die Brüder theologisch immer stärker von den Utraquisten entfernten. Diese Radikalisierung war einer der Gründe, warum sich Jan Žižka von den Taboriten abwandte.[74]

Während das Kreuzzugsheer auseinanderfiel und viele Abteilungen bereits wieder aus Böhmen abmarschierten, einigte sich die Besatzung des Karlsteins am 8. November 1422 mit den Hussiten. Es wurde ein einjähriger Waffenstillstand abgeschlossen, in den auch die Burgen Waldeck und Hořic mit einbezogen wurden.[75]

Trotz des Fehlschlages musste Sigismund die Bemühungen der großen Reichsfürsten im Kampf gegen die Hussiten entsprechend entlohnen. Besonders Markgraf Friedrich I. von Meißen profitierte von seinen Feldzügen. Noch 1422 wurde er mit mehreren Schlössern im Vogtland belehnt und als im November diesen Jahres der letzte askanische Kurfürst von Sachsen starb, winkte dem Wettiner die nächste Standeserhöhung. Über die Frage des askanischen Erbes brach jedoch ein lang anhaltender Streit zwischen den Wettinern und den sich eben in Brandenburg etablierenden Hohenzollern aus, der die Kräfte beider Dynastien vorrübergehend band und die Hussiten im Norden entlastete. Am 15. April 1423 verpfändete Sigismund dem Markgrafen darüber hinaus die böhmischen Städte Brüx und Aussig (Usti), die Friedrich im Vorjahr verteidigt hatte.[76] Doch diese Gebietsgewinne sollten sich für den Wettiner noch als folgenschwer erweisen.

72 Vgl.: Palacký: *Urkundliche Beiträge I, S. 240-261;* Bleicher: *Das Herzogtum Niederbayern, S. 128-129.*

73 Vgl.: Palacký: *Der Hussitenkrieg 1419-1431, S. 317-318;* Bezold: *Sigismund und die Reichskriege I, S. 70-73.*

74 Vgl.: Verney: *Warrior of God, S. 173-175.*

75 Vgl.: Palacký: *Urkundliche Beiträge I, Nr. 243, S. 267;* Bezold: *Sigismund und die Reichskriege I, S. 100-122;* Bleicher: *Das Herzogtum Niederbayern, S. 129.*

76 Vgl.: *CDS 1 B 4, Nr. 271, S. 165;* Palacký: *Urkundliche Beiträge I, Nr. 265, S. 291-293;* Palacký: *Der Hussitenkrieg 1419-1431, S. 318-324;* Krocker: *Sachsen und die Hussitenkriege, S. 6;* Ermisch: *Schlacht bei Außig, S. 6;* Meinhardt: *Im Dienste des Königs, S. 115-117.*

Innere Spaltungen

Inzwischen hatten sich die politischen Verhältnisse in Prag erneut geändert. Die Prager Bürgerschaft versuchte mit dem hussitischen Adel ein Bündnis zu schließen, um den Krieg zu beenden. Sigismund Korybut, der die Parteien bis dahin mühsam zusammen halten konnte, war von Witold im November 1422 wieder aus Prag abberufen worden, nachdem Polen seine territorialen Interessen gegenüber dem Deutschen Orden hatte durchsetzen können. Witold zog sich geschickt aus der Verantwortung. Er erklärte, dass er die Böhmen in den Schoß der römischen Kirche hatte zurückführen wollen. Diese hätten ihn mit dem Angebot der Krone jedoch getäuscht, da sie gar nicht die Absicht gehabt hätten, der Häresie abzuschwören (was sie gegenüber Witold auch nie behauptet hatten). Ende März 1423 kehrte Korybut über Mähren nach Polen zurück. Sigismund sicherte dem Zug des Kronverwesers freies Geleit zu. Etwa zur gleichen Zeit scheint sich der Bruch zwischen Jan Žižka und den Taboriten soweit vertieft zu haben, dass er die Gemeinde verließ. Der blinde Feldherr zog in den Osten des Landes und schloss sich den Orebiten an. Žižka baute eine neue Armee auf und erließ seine berühmte Kriegsordnung, in die all seine Erfahrung als Soldat einfloss.[77]

Im Frühjahr 1423 schien es, als würden innerhalb der hussitischen Bewegung zwei Spaltungen eintreten. Zum einen begann Jan Žižka einen Krieg gegen die utraquistischen Barone, zum anderen wendeten sich die Prager gegen die Taboriten. Diese näherten sich daher wieder den Orebiten an und unterstellten sich Ende März dem Oberkommando des blinden Heerführers. Als die Prager die nahe Tábor gelegene Festung Křiženec zu belagern begannen, sammelte Žižka sein Heer bei Deutschbrod, um den bedrängten Brüdern zu Hilfe zu eilen. Am 20. April kam es jedoch zu einem Zusammenstoß zwischen seinem Feldheer und einem Aufgebot der ostböhmischen Adligen bei Hořic. Wie üblich bezog Žižkas Armee Stellung auf einem steilen Hügel und bildete eine Wagenburg. Die Reiter des Adelsaufgebots mussten von ihren Pferden absitzen und die Stellung zu Fuß stürmen. Schon auf dem Weg den Hügel hinauf verlor der Angriff an Schwung, während die Verluste durch das Abwehrfeuer aus der Wagenburg stiegen. Schließlich befall Žižka einen Gegenangriff, der das feindliche Heer vernichtete. Kurz darauf gelang es einem Taboritenheer unter Bohuslaw von Schwanberg die Burg Křiženec zu entsetzen.[78]

Im Sommer 1423 entzweiten sich Diviš Bořek z Miletínka, der bei Hořic einer der wichtigsten Hauptleute gewesen war, und Jan Žižka. Miletínka übernahm den Befehl über das Heer der Prager, dass er nun nach Ostböhmen führte. Ein erster Waffengang des *„Herrenbundes"* gegen Žižka endete allerdings bereits vorher, am 4. August in der Niederlage am Strauchhof (Strachuv Dvur) nahe Königgrätz mit einem Sieg der Radikalen. Die Orebiten machten 200 Gefangene. Angeblich soll Žižka selbst einen gefangenen Priester, der dem Prager Heer die Hostie voran getragen hatte, mit seinem Streitkolben erschlagen haben.[79]

Doch die Niederlage bedeutete nur einen kurzfristigen Rückschlag für den Bund. Noch im selben Monat rückten

77 Vgl.: Šmahel: *Hussitische Revolution II, S. 1277-1278;* Verney: *Warrior of God, S. 176.*

78 Vgl.: Palacký: *Der Hussitenkrieg 1419-1431, S. 331-333;* Šmahel: *Hussitische Revolution II, S. 1281-1284.*

79 Vgl.: Verney: *Warrior of God, S. 191-192;* Bezold: *Sigismund und die Reichskriege II, S. 13.*

Sigismund Korybut belagert eine Stadt.
Darstellung aus der *„Geschichte Kaiser Sigismunds"*.
Man beachte die Darstellung des stark geschwungenen Säbels an Korybuts Seite.

zwei weitere Prager Heere auf Königgrätz und Čáslav vor. Hier hatte sich Žižka mit der Masse des orebitischen Heeres verschanzt. Die Prager begannen eine langwierige Belagerung. Žižkas Verbündete, darunter Mathias Lupák, beschlossen, Verstärkungen zum Entsatz heran zu führen. Um diese aufzuhalten, positionierten die Prager einen Teil ihres Heeres an der Elbe nahe Kolin. Am 22. August traf das orebitische Entsatzheer in Týnec, etwa dreizehn Kilometer nördlich der Stadt an der Elbe ein. Doch die Prager griffen überraschend an und metzelten 300 Orebiten, darunter Lupák, nieder. Dennoch gelang es ihnen nicht, Čáslav zu nehmen. Das Prager Heer musste die Belagerung abbrechen und ließ eine starke Garnison im nahen Kuttenberg zurück. Jan Žižka war es gelungen, die Unabhängigkeit des orebitschen Bundes zu verteidigen. Ein kurz darauf abgeschlossener Waffenstillstand beendete die Kampfhandlungen bis zum März 1424.[80]

Im Herbst 1423 unternahm Žižka einen großen Heerzug nach Mähren. Sein Heer rückte auf Jihlava zu, dessen durch österreichische Söldner verstärkte Garnison sich zur Schlacht stellte und schwer geschlagen wurde. Doch da die Stadt gut befestigt war, brachen die Orebiten die Belagerung nach wenigen Tagen ab. Dagegen stürmten sie am 19. Oktober Teltsch (*Telč*). Wahrscheinlich überquerte das Heer sogar kurzeitig die Donau, um eine Rinderherde aus Österreich zu entführen. Zu einem großangelegten Streifzug durch Österreich und Ungarn, wie einige Chronisten berichten, kam es jedoch nicht. Žižka versuchte nie den Krieg über die Grenzen des Königreichs hinaus zu tragen. Seine Abwesenheit wurde jedoch von den Utraquisten genutzt, um über den Winter 1423/24 neue Kräfte zu sammeln.[81]

Im Oktober 1423 verabschiedeten sie auf dem Sankt-Gallus-Landtag eine neue Landfriedensverordnung, die sich eindeutig gegen die Taboriten und Orebiten um Jan Žižka richtete. Der Beschluss stellte einen weiteren Versuch dar, Kompromisse mit dem Papst zu erzielen, den Krieg zu beenden und wenigstens einen Teil der hussitischen Reformen zu erhalten. Solche Bestrebungen wurden jedoch von den Radikalen, also den Taboriten und dem Žižkaschen Feldheer, als Verrat gewertet.[82]

Jan Žižka führte in den ersten Monaten 1424 mehrere Feldzüge gegen royalistische Barone und errang eine Reihe kleinerer Erfolge. Nachdem der Waffenstillstand mit dem Herrenbund im März ausgelaufen war, griff er die Burg Hostinné an, die zum Besitz Krušina von Lichtenburgs gehörte, welcher sich dem Bund angeschlossen hatte. Es gelang den Orebiten allerdings nicht, die Burg einzunehmen. Sie zogen weiter auf die Stadt Mlazovice, die von ihnen vollständig zerstört wurde. Während Žižka die Güter Krušina von Lichtenburgs zerstörte, sammelten die Prager frische Truppen.[83]

Im April wandte sich das orebitische Heer schließlich nach Westen, um die Taboriten bei einem Angriff auf den Pilsener Landfrieden zu unterstützen. Damit stand jedoch Prag zwischen Žižkas Heer und seinen ostböhmischen Operationsbasen. Da sich nur geringe Teile der Taboriten dem Heer anschlossen, konnte er keinen Vorstoß auf Pilsen selbst wagen und führte einen Kleinkrieg in Westböhmen. Der Landfrieden bat andere royalistische Garnisonen um Unterstützung und erhielt im Mai Verstärkung durch etwas Reiterei aus Karlstein. Die royalistischen Streitkräfte boten den Orebiten die Schlacht an, aber Žižka zog sich schließlich auf Louny zurück. Da diese Stadt jedoch dem Prager Städtebund angehörte, empfanden die dortigen Räte das Bündnis Lounys mit den Orebiten als Verrat und mobilisierten ihr Heer. Žižka zog weiter nach Osten.[84]

Im Juni 1424 zog ein großes Heer der Prager und des Herrenbundes gegen Žižka, der sein Lager bei Kostelec an der Elbe errichtet hatte. Die orebitischen Streitkräfte wurden eingeschlossen. Die Royalisten auf Seiten des Herrenbundes schickten bereits Siegesmeldungen an König Sigismund. Doch der geschickte Heerführer wich auf das östliche Elbufer aus und zog sich vor seinem Gegner zurück. Žižka suchte ein geeignetes Schlachtfeld. Dieses fand er schließlich bei Maleschau, nahe Kuttenberg. Südwestlich der Stadt lag ein hoher Hügel, der von zwei Seiten durch die Bäche Maleskova und Svadlenka eingegrenzt wurde. Auf die Vorteile dieses Geländes wies den blinden Heerführer sein Hauptmann Jan Hvězda z Vícemilic hin. Žižka ließ seine Wagenburg mit der Front nach Maleschau aufstellen. Er beabsichtigte jedoch diesmal nicht, sich dahinter zu verschanzen, sondern positionierte sein Fußvolk, flankiert von der Reiterei, vor der Wagenburg. Hinter dem Fußvolk ließ er mehrere mit Steinen beladene Versorgungswagen platzieren.[85]

80 Vgl.: VERNEY: *Warrior of God, S. 192-193.*

81 Vgl.: PALACKÝ: *Der Hussitenkrieg 1419-1431, S. 338-341;*
ŠMAHEL: *Hussitische Revolution II, S. 1285-1303;*
VERNEY: *Warrior of God, S. 193;*
DURDÍK: *Hussitisches Heerwesen, S. 213-214.*

82 Vgl.: PALACKÝ: *Der Hussitenkrieg 1419-1431, S. 337-338;*
ŠMAHEL: *Hussitische Revolution II, S. 1285-1290;*
DURDÍK: *Hussitisches Heerwesen, S. 213.*

83 Vgl.: VERNEY: *Warrior of God, S. 196-197.*

84 Vgl.: VERNEY: *Warrior of God, S. 196-201.*

85 Vgl.: PALACKÝ: *Der Hussitenkrieg 1419-1431, S. 348-349;*
ŠMAHEL: *Hussitische Revolution II, S. 1315-316;*
DURDÍK: *Hussitisches Heerwesen, S. 213-216.*

Herzog Albrecht von Österreich belagert eine Burg in Mähren
(Geschichte Kaiser Sigismunds)

Als die Kräfte des Herrenbundes das tiefe Tal der Maleskova durchschritten hatten, fanden sie am Fuß des Hügels nicht genügend Platz, um sich zu entfalteten. Während sie vorsichtig und zögerlich ihre Kräfte sammelten, ließ Žižka seine Linie vorrücken. Die Reiterei an den Flanken schwärmte aus und plötzlich ließ das Fußvolk die schwer beladenen Wagen den Hügel hinab rollen. Diese zogen breite Schneisen durch die Reihen der Prager und lösten Verwirrung aus. Im gleichen Moment feuerten die Haubitzen in der Wagenburg eine Salve, die das Chaos vergrößerte. Dann befahl Žižka den Angriff auf ganzer Linie. Die Hussiten trieben das Prager Heer den Hügel hinab. Die vorderen Einheiten flohen panisch und brachten auch die nachfolgenden Formationen in Unordnung. Žižkas Reiterei verfolgte den geschlagenen Gegner und machte viele nieder. Den Siegern fielen etliche Kanonen, Wagen und Waffen in die Hände.[86]

Die Schlacht bei Maleschau ist ein beeindruckendes Beispiel dafür, mit welcher Sicherheit die einzelnen hussitischen Waffengattungen zusammen operierten. Kurz darauf eroberte Jan Žižka Kuttenberg und nahm wenig später auch die Städte Böhmischbrod und Nimburg ein, die ihm kaum Widerstand leisteten.[87]

„König" Korybut

Da Sigismund Mähren aus eigener Kraft nicht halten konnte, übertrug er die Markgrafschaft im Oktober 1423 endgültig als Lehen an Albrecht von Österreich. Weil der König keinen neuen Kreuzzug organisieren konnte, schlossen sich die Reichsfürsten am 17. Januar 1424 in Bingen zu einem Bund zusammen, dessen Ziel der Schutz des Reiches vor hussitischen Übergriffen und die Ausrottung des Ketzertums darstellte.[88]

Dem Reich gelang es in den folgenden Jahren nicht, einen neuen Kreuzzug zustande zu bringen, weshalb die Hussiten ihre Aufmerksamkeit auf die Kämpfe in Südböhmen konzentrierten. Hier blieb Ulrich von Rosenberg ihr hartnäckigster Widersacher. Jan Hvězda z Vícemilic, genannt Bzdinka, belagerte im Frühjahr 1424 vergeblich Wittingau. Von der Besatzung abgewiesen, wandte er sich nach Süden und nahm die Burg Gratzen ein. Anschließend drangen hussitische Heerscharen bis nach Oberösterreich vor.[89]

In Mähren operierte Hassiko von Waldstein erfolgreich gegen den Bischof von Olmütz. Doch der Streit zwischen den Taboriten und Utraquisten verhinderte, dass die Hussiten gemeinsame Feldzüge durchführen konnten. Die Utraquisten schlossen einen Waffenstillstand mit den katholischen Landständen ab, den Žižka nicht zu akzeptieren bereit war. Er führte einen zerstörerischen Feldzug im Norden Böhmens. Am 9. September erreichte sein Heer das Dorf Libeň (heute ein Stadtteil Prags), von wo aus die Orebiten den Vyšehrad sehen konnten. Doch in genau diesen Wochen kehrte Sigismund Korybut nach Böhmen zurück. Der ehemalige Kronverweser strebte nun selbst danach, König zu werden, obwohl sein Onkel Witold ihn davor warnte. Trotzdem war Korybut am 29. Juni in Prag eingeritten, wo er von der Bevölkerung sehr warmherzig begrüßt wurde. Überschwänglich verfasste er einen Absagebrief an Sigismund und Albrecht von Österreich. Darin betitelte er sich einleitend mit *„Wir Sigmund von gotes gnaden Littowscher herczog, vnd des Kunigreich zu Beheim vnd Marggraffschaft zu Merhern gevorderter vnd erwelter Künig."* [90] Dabei hatte nie irgendjemand Korybut tatsächlich gewählt. Es sollte auch die einzige urkundliche Überlieferung bleiben, in der er sich als König bezeichnete. Um diese Ansprüche tatsächlich durchsetzen zu können, bedurfte es jedoch eines schnellen Friedens mit den Orebiten. Tatsächlich gelang es ihm, sich am 14. September 1424 mit Žižka im sogenannten Frieden von Libeň zu einigen. Für Korybut stellte dies einen überwältigenden politischen Erfolg da, denn nun hatte er alle hussitischen Kräfte unter sich vereinigt und konnte einen neuen Feldzug nach Mähren vortragen.[91]

Herzog Albrecht von Österreich war der einzige, der im Sommert 1424 einen neuen antihussitischen Feldzug nach Mähren unternahm. Am 1. Juli sammelte er ein Heer in Laa. Sigismund unterstützte diesen Feldzug mit lediglich 4.000 Ungarn. Trotzdem gelang es dem Herzog, erfolgreich nach Mähren vorzustoßen. Etliche hussitische Burgen wurden erobert und angeblich einhundert Dörfer von den Österreichern verbrannt. In kürzester Zeit brachte Albrecht Südmähren in seine Hand und beschloss daraufhin, in Böhmen selbst einzumarschieren. Dort hoffte er sich mit den Utraquisten verbünden zu können. Daher schrieb er am 27. Juli an Ulrich von Rosenberg, er möge die gemäßigten hussitischen Adligen zu einer Versammlung nach Iglau (Jihlava) berufen. Diese hatten sich jedoch inzwischen an Sigismund Korybut gewandt, nachdem dieser in Prag eingetroffen war. Zwar gelang es Albrecht im August bis nach Olmütz vorzustoßen, aber nun hatte der litauische Landesverweser die verschiedenen Gruppierungen der Hussiten im Frieden von Libeň hinter sich vereinigt. Als auch Ulrich von Rosenberg in einen Waffenstillstand mit den Hussiten einwilligte, kehrte Albrecht im September nach Österreich zurück.[92]

Nun war es wiederum an den Hussiten, die Offensive zu ergreifen. Am 29. September verließen Žižka und Korybut mit ihren vereinigten Heeren Prag und marschierten auf Přibyslav zu. Bevor die Festung fiel und von den Hussiten bis auf die Grundmauern zerstört wurde, starb Jan Žižka am 11. Oktober 1424, angeblich an der Pest. Als die Burg wenig später fiel, verbrannten die Hussiten alle Besatzer. Ende Oktober stürmten die Taboriten und Waisen, wie sich Žižkas Anhänger nun nannten, die Stadt Eibenschitz (Ivančice), die anschließend von ihnen zu einer Festung ausgebaut wurde. Viele der mährischen Hussiten, die im Sommer bereits Herzog Albrecht gehuldigt hatten, schlossen sich daraufhin wieder den Taboriten an. Diese nahmen die befestigte Stadt Lundenburg ein und organisierten von hier aus einen verheerenden Überfall auf Österreich. Herzog Albrecht sah sich gezwungen, die Landwehr aufzubieten. Doch hier brachen neue Streitigkeiten zwischen den Taboriten und Utraquisten über die Verteilung der Beute auf. Infolgedessen zog sich Sigismund Korybut mit den gemäßigten Hussiten nach Böhmen zurück,

86 *Vgl.: Palacký: Der Hussitenkrieg 1419-1431, S. 349-350; Durdík: Hussitisches Heerwesen, S. 217-221.*

87 *Vgl.: Palacký: Der Hussitenkrieg 1419-1431, S. 350-351.*

88 *Vgl.: Palacký: Der Hussitenkrieg 1419-1431, S. 351-352; Stöller: Österreich im Kriege gegen die Hussiten, S. 23-24.*

89 *Vgl.: Stöller: Österreich im Kriege gegen die Hussiten, S. 24.*

90 *Zit.: Palacký: Urkundliche Beiträge I, Nr. 304, S. 356 „Wir Sigismund von Gottes Gnaden litauischer Herzog, und des Königreiches zu Böhmen und der Markgrafschaft Mähren geforderter und erwählter König."*

91 *Vgl.: Stöller: Österreich im Kriege gegen die Hussiten, S. 24-25; Verney: Warrior of God, S. 206-209.*

92 *Vgl.: Palacký: Der Hussitenkrieg 1419-1431, S. 356-358; Šmahel: Hussitische Revolution II, S. 1334-1345; Stöller: Österreich im Kriege gegen die Hussiten, S. 25-28.*

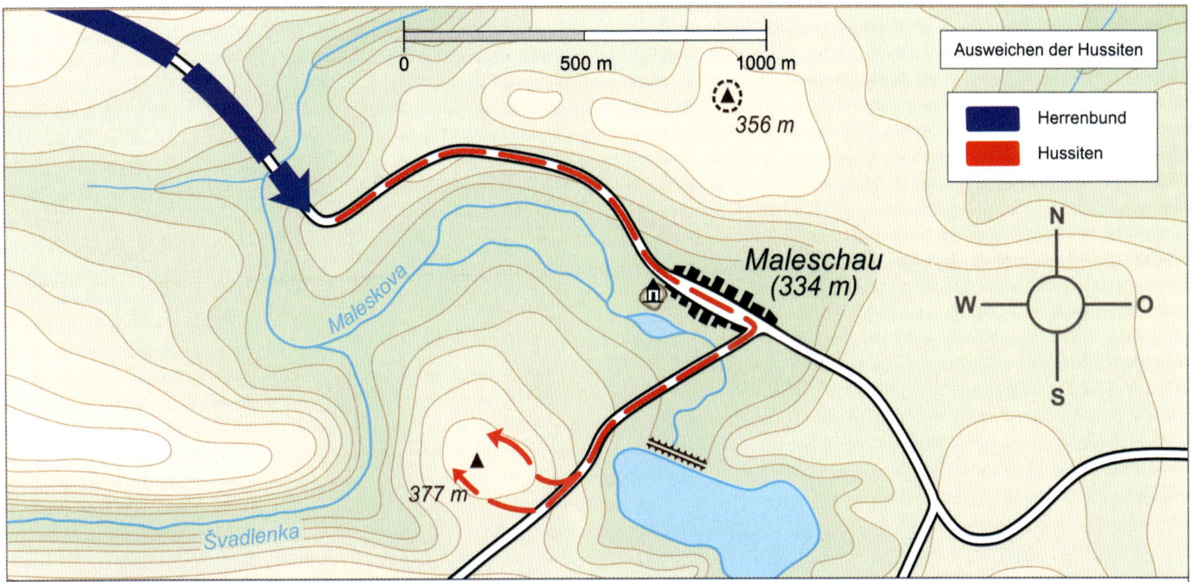
Ausweichen der Hussiten
Herrenbund
Hussiten
0
500 m
1000 m
356 m
Maleschau
(334 m)
Maleskova
377 m
Švadlenka
N
W
O
S

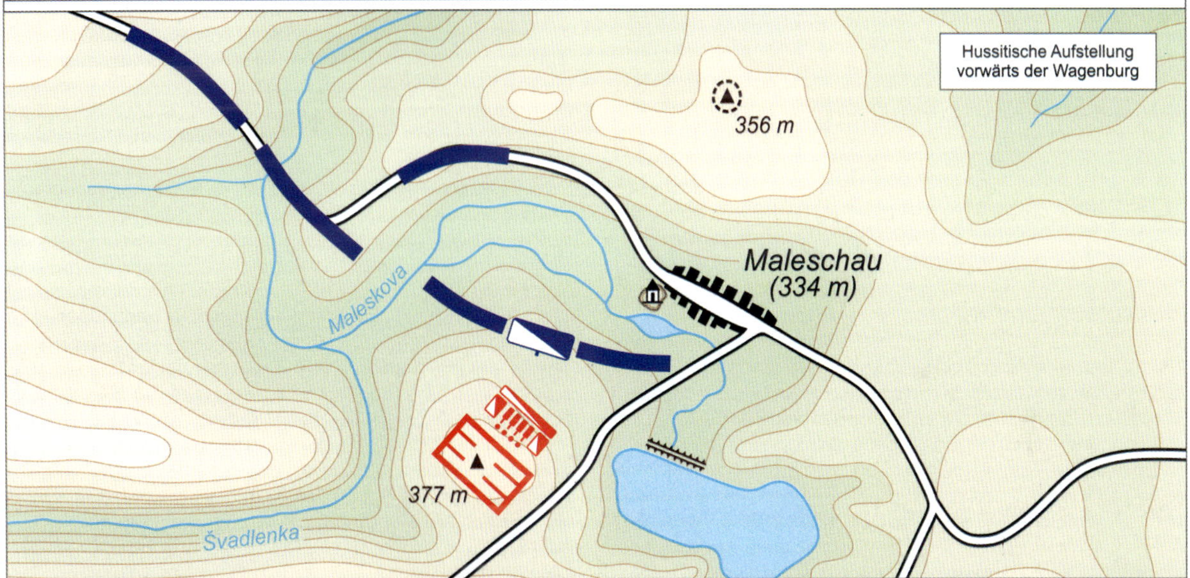
Hussitische Aufstellung vorwärts der Wagenburg
356 m
Maleschau
(334 m)
Maleskova
377 m
Švadlenka

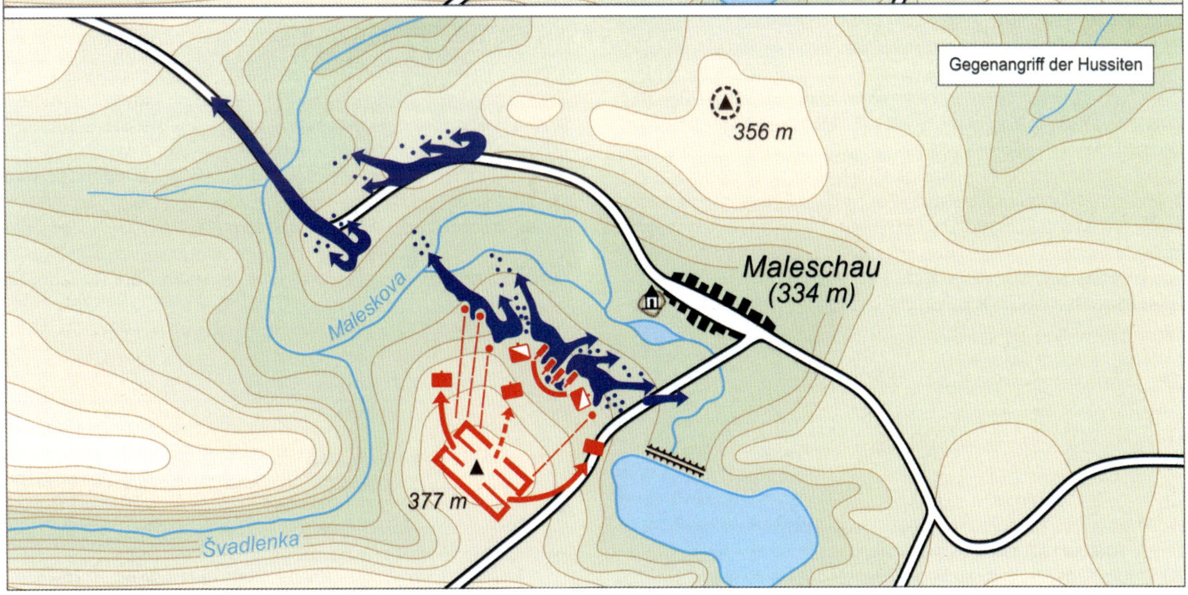
Gegenangriff der Hussiten
356 m
Maleschau
(334 m)
Maleskova
377 m
Švadlenka

während ein kleineres Heer an der österreichisch-mährischen Grenze weitere Städte einnahm.[93]

Albrecht nutzte die Gelegenheit und drang nun mit seinem durch die Landwehr verstärkten Heer wieder nach Mähren vor. Er zog über Brünn und Olmütz bis nach Hohenstadt (Zábřeh), wohin ihm der polnische König 5.000 Reiter zur Unterstützung geschickt hatte. Doch Albrecht misstraute dem Angebot und schickte die polnischen Reiter nach Hause. Er selbst marschierte im November nach Wien zurück.[94]

Mit Žižkas Tod trat vorerst eine Entspannung der innerhussitischen Verhältnisse ein. In seinen letzten Lebensmonaten war es zunehmend der blinde Heerführer gewesen, der einen Ausgleich mit König und Papst verhindert hatte. Žižka hinterließ eine Lücke, die zunächst Sigismund Korybut ausfüllte. Ihm gelang es zwar die einzelnen Parteien an den Verhandlungstisch zurückzuholen, doch entscheidende Ergebnisse konnten dort nicht erzielt werden.[95]

Für das Jahr 1425 war ein weiterer Reichstag in Wien angesetzt, dem allerdings die meisten Fürsten fern blieben. Nur die Uneinigkeit der Kurfürsten untereinander verhinderte zu diesem Zeitpunkt eine Absetzung Sigismunds als römischer König. Doch aufgrund der Uneinigkeit der einzelnen Reichsfürsten gelang es einem utraquistischen Heer im März erneut in Oberösterreich einzufallen. Als Albrecht die Landwehr bei Laa zusammenzog, marschierten die Hussiten wieder nordwärts, ohne sich auf größere Gefechte eingelassen zu haben.[96]

Aber schon im Sommer eroberten die Taboriten wichtige Festungen in Südböhmen und bereiteten ihrerseits einen neuen Einfall in Österreich vor. Während Albrecht bereits die Grenzburgen in Alarmbereitschaft versetzen ließ, scheiterte dieser Vorstoß erneut an den Differenzen der Taboriten mit den Utraquisten. Dafür gelang es dem Herzog von Österreich am 25. Juli in Waitzen ein gegen die Hussiten gerichtetes Bündnis zwischen Sigismund, ihm selbst und Kurfürst Friedrich dem Streitbaren abzuschließen. Albrecht wurde nun ein Anrecht auf die böhmische Königskrone gewährt. Außerdem versprach ihm Friedrich im Falle des Ableben Sigismunds seine Stimme für die Wahl zum römischen König.[97]

Dagegen verzögerte sich die Aufstellung des österreichischen Heeres für den Feldzug in diesem Jahr erneut. Erst am 6. Oktober marschierte Albrecht in Mähren ein und vereinigte sich bei Dalleschitz (Dalešice) mit den Truppen Sigismunds. Das Ziel der vereinten Armeen war das von den Hussiten besetzte Trebitsch, das den ganzen Monat hindurch belagert wurde.

Bzdinkas Nachfolger Bohuslav von Schwanberg leistete ihnen jedoch erfolgreich Widerstand. Gleichzeitig erhoben sich die mährischen Hussiten gegen Albrecht, der sich ebenso aus Mähren zurückzog wie König Sigismund, sodass die Hussiten ungestört die königstreuen Burgen belagern konnten. Die Hauptstreitkräfte unter Sigismund Korybut und Bohuslav von Schwanberg vereinigten sich bei Mährisch Budwitz (Moravské Budějovice) und drangen über Znaim nach Österreich vor. Die Hussiten zerstörten am 12. November das Kloster Bruck und belagerten anschließend die Stadt Retz, die ihnen heftigen Widerstand entgegen setzte. Es gelang ihnen vorerst nicht, die Stadtmauern zu überwinden. Dafür wurde das Umland ausgiebig geplündert. Beunruhigt von diesem Vormarsch eilte Albrecht nach Wien und versuchte in aller Schnelle ein Ersatzheer auf die Beine zu stellen. In Laa und Eggenburg versammelten sich die Aufgebote. Albrecht selbst schlug sein Lager in Kreuzenstein, genau zwischen den beiden Orten auf. Diese Aufstellung suggeriert, dass der Herzog zunächst vor allem Wien zu schützen suchte. Allerdings verweigerten etliche österreichische Städte, vor allem Wien selbst, die Bereitstellung der Aufgebote. Albrecht sah sich daher nicht in der Lage, Retz zu entsetzen. Dort war inzwischen Bohuslav von Schwanberg bei einem Angriff auf die Stadt gefallen, als ihn ein Pfeil im Gesicht traf. Die Hussiten unterminierten nun die Stadtmauer. In der Nacht zum 25. November wurde Retz durch die so entstandene Bresche gestürmt. Angeblich sollen bei den anschließenden Plünderungen 6.000 Menschen getötet und ebenso viele gefangen genommen worden sein. Diese Zahl erscheint nur dann glaubwürdig, wenn man davon ausgeht, dass sich ein großer Teil der umliegenden Landbevölkerung in die Stadt geflüchtet hatte. Kurz darauf nahmen die Hussiten auch Pulckau. Anschließend zogen sie mit ihrer Beute nach Böhmen zurück, ehe Albrecht sein Heer versammelt hatte.[98]

Nach diesen Zügen begann sich eine immer tiefer greifende Teilung der Bewegung abzuzeichnen. Die Taboriten und die Waisen gingen auseinander, während sich die Prager und Utraquisten wieder verstärkt um einen Ausgleich mit der etablierten Kirche bemühten. Bei den ostböhmischen Orebiten spaltete sich der adelige Teil überwiegend ab und schloss sich den Utraquisten an, während die Kleinstädter und Bauern mit den Taboriten sympathisierten. Die Spaltung geht wesentlich auf den Tod Žižkas zurück, dem es gelungen war, die einzelnen Gruppierungen zu einen. Sie ist jedoch weniger ein Ausdruck der Machtkämpfe, die seine Hauptleute um seine Nachfolge führten, sondern der regionalen Heterogenität der Heere. Dies führte dazu, dass im Osten des Landes 1425 ein regelrechter Bürgerkrieg unter den Orebiten ausbrach, bei dem es weniger um religiöse, als um soziale Fragen zwischen dem Adel einerseits und Bürgerschaft und Bauern andererseits ging.[99]

Die Taboriten und Waisen versuchten hingegen, sich der Hauptstadt zu bemächtigen. Am 31. März marschierten die Verbände unter Jan Hvězda z Vícemilic, Jan Rohács von Duba, Bohuslavs von Schwanberg sowie wahrscheinlich auch die Truppen Johann Hertvíks von Rusinovs und der Königgrätzer Waisen vor der Neustadt auf. Sie versuchten in der aufziehenden Nacht die Prager Mauern zu ersteigen, wurden aber von den Verteidigern blutig zurück geschlagen. Daher zogen sie nach Norden und schlossen am 5. April mit Aufgeboten aus Saatz und Laun die Stadt Schlan (Slaný) ein, die zwölf Tage später fiel. Nachdem sie eine Reihe weiterer Städte und Burgen in der Umgebung erobert hatten, teilten sich die Heere und zogen breite Schneisen der Verwüstung durch West- und Ostböhmen.[100]

93 *Vgl.: Stöller: Österreich im Kriege gegen die Hussiten, S. 27-29.*

94 *Vgl.: Palacký: Der Hussitenkrieg 1419-1431, S. 358-359; Stöller: Österreich im Kriege gegen die Hussiten, S. 29.*

95 *Vgl.: Palacký: Der Hussitenkrieg 1419-1431, S. 375-379.*

96 *Vgl.: Palacký: Der Hussitenkrieg 1419-1431, S. 379-382; Stöller: Österreich im Kriege gegen die Hussiten, S. 29-32.*

97 *Vgl.: Palacký: Der Hussitenkrieg 1419-1431, S. 390-391; Stöller: Österreich im Kriege gegen die Hussiten, S. 31-32.*

98 *Vgl.: Palacký: Der Hussitenkrieg 1419-1431, S. 396-398; Stöller: Österreich im Kriege gegen die Hussiten, S. 34-36.*

99 *Vgl.: Palacký: Der Hussitenkrieg 1419-1431, S. 383-387; Šmahel: Hussitische Revolution II, S. 1356-1358.*

100 *Vgl.: Palacký: Der Hussitenkrieg 1419-1431, S. 387-389; Šmahel: Hussitische Revolution II, S. 1350-1352.*

Die Abbildung stellt einen typischen **hussitischen Fußsoldaten der 1420er und 1430er Jahre** dar. Er trägt einen Eisenhut und einen Gambeson. Zu seiner Bewaffnung gehören ein mit Eisendornen bewehrter Kriegsflegel und ein langes Schwert. Außerdem führt er eine Pavese mit sich, die aufwendig bemalt ist und den Kelch als Zeichen der Hussiten zeigt.

Im Sommer wütete eine Hitze- und Seuchenwelle im Land, der vermutlich auch Čeněk von Wartenberg zum Opfer fiel. Im September schlossen die Taboriten die wichtige Burg Wožic im Pilsener Kreis ein. Burgherr Materna von Ronow setzte den Hussiten heftigen Widerstand entgegen. Diese erhielten schließlich Verstärkung durch das Heer der Waisen. Das vereinte Heer war nun so stark, dass es auch eine starke Abteilung gegen die gemäßigten Prager aussenden konnte. Die Belagerung dauerte fünf Wochen und der Taboritenführer Jan Hvězda wurde während der Kämpfe durch einen Pfeil tödlich verwundet. Auf dem Sterbebett ereilte ihn die Nachricht, dass Sigismund Korybut im Lager eingetroffen sei, um einen Frieden zwischen den einzelnen Parteien auszuhandeln. Dieser kam am 18. Oktober tatsächlich zustande. Jan Hvězda war darüber so froh, dass er nach dem Fall von Wožic die Schonung der Besatzung befahl. Da die Pilsener zu dieser Zeit keine Hilfe von König Sigismund erwarten konnten, willigten auch sie wenig später in einen Waffenstillstand ein. Vor Trebitsch standen inzwischen nur noch die Truppen Herzog Albrechts, da Sigismund auf Brünn zurückgegangen war. Anfang November wandte sich Sigismund Korybut daher nach Trebitsch, um die Stadt zu entsetzen. Die Taboriten und Waisen folgten ihm bald nach. Jan Hvězda verstarb wenig später nahe Kamenitz (Kamenice).[101]

Bis 1426 blieben die Hussitenkriege im Wesentlichen auf Feldzüge in Böhmen beschränkt. Die Bewegung dachte lediglich an die Verteidigung ihrer Interessen und nicht an Vergeltungsmaßnahmen auf den Territorien der Fürsten, die sie angriffen. Nur Oberösterreich wurde in stärkerem Maße in Mitleidenschaft gezogen. Von einer Hussitenfurcht im Reich kann jedoch in dieser Phase noch keine Rede sein. Die Ketzer waren für die einfache Bevölkerung im Reich einfach zu weit entfernt.[102]

Ein wichtiges Ziel der hussitischen Angriffe waren Brüx und Aussig, von wo Friedrich der Streitbare seine Angriffe auf Böhmen startete. Im Herbst 1424 schloss erstmals ein hussitisches Heer Aussig ein, doch mit Hilfe der lausitzischen Sechsstädte konnte Friedrich den Belagerungsring sprengen. 1425 konnten die Hussiten ein kleines meißnisches Heer bei Dux (Duchcov) schlagen und bereiteten eine neue Belagerung der beiden Festungsstädte vor, was Friedrich Anfang 1426 dazu bewog deren Garnisonen zu verstärken.[103]

Die Schlacht bei Aussig

Die Taboriten fanden sich im Januar 1426 zu einer Versammlung ein, auf der nach langen Verhandlungen die Vier Prager Artikel anerkannt wurden. Außerdem wurde hierauf beschlossen, den Krieg nur noch als Mittel der Verteidigung anzusehen[104] – ein Lippenbekenntnis, denn bald wurden die Heerfahrten über die Grenze zu lebensnotwendigen Beutefeldzügen.

Im Mai und Juni 1426 forderte Sigismund auf dem Reichstag in Nürnberg erneut die Aufstellung eines Heeres von 6.000 Gleven (ca. 18.000 Reiter) für einen vierten Kreuzzug. Doch die Fürsten protestierten. Ein so großes Heer wäre im Reich nicht zusammenzubekommen und in Böhmen nicht zu verpflegen. Diese Proteste allein zeigen, dass die hochgestochenen Zahlen der vorangegangenen Feldzüge unrealistisch sind.[105]

Noch während dieser Verhandlungen trafen katastrophale Meldungen aus dem Norden Böhmens ein. Wieder hatten die Hussiten die Belagerung von Aussig aufgenommen. Am 10. Februar meldeten die Kommandeure der Stadt an die sächsische Kurfürstin, *„das sich dy Weißen nu an deßem nesten fritage der haben vom Slan vnde czyhen vff Lunde, vnde vns eygentliche botschaft kummen ist, daz sy vor vns vnd vns berynnen vnd belegen wullen czu der Aswig in dryen tagen, vnde dy von Lutenbritz vnde Sacz vnd andern eren steten iczlicher stat dy helffte vff geboten ist, dy iczczunt alle czu czyhen vnde sammeln sich by Lune.“* [106]

Während sich Kurfürst Friedrich auf dem Reichstag in Nürnberg aufhielt, bekam er bereits warnende Briefe seiner Frau, die ihm mitteilte, dass die Hussiten Leipa genommen hatten und nun auf Brüx oder Aussig zögen, um von hier aus eventuell in Meißen einzufallen. Tatsächlich strömten gleich mehrere Heere auf die beiden sächsischen Bollwerke zu. Leipa (Česká Lípa) war durch ein Aufgebot unter Johann Rohacz von Duba genommen worden, während Sigismund Korybut und Prokop der Kahle ihre Heere durchs Egertal über Graupen (Krupka) und Teplitz (Teplice) heran führten. Prokop der Kahle war zu diesem Zeitpunkt noch kaum in Erscheinung getreten. Doch im Laufe der kommenden Monate sollte sich der Priester zu einem der wichtigsten hussitischen Heerführer, dem wahren Nachfolger Jan Žižkas entwickeln.[107]

Auf die Nachricht von der Annäherung der hussitischen Heere formierte sich ein sächsisches Entsatzheer aus den Aufgeboten der meißnischen Ritterschaft und Städte, das Anfang Juni in Groß Bobritzsch bei Freiberg gesammelt und gemustert wurde. Die Stärkemeldungen für dieses Heer

101 *Vgl.: Palacký: Der Hussitenkrieg 1419-1431, S. 392-395; Šmahel: Hussitische Revolution II, S. 1362-1364; Stöller: Österreich im Kriege gegen die Hussiten, S. 32-34. Stöller macht seltsamerweise aus Jan Hvězda und Jan Brzdinka zwei unterschiedliche Personen.*

102 *Vgl.: Krocker: Sachsen und die Hussitenkriege, S. 1-2, 6.*

103 *Vgl.: CDS II 8, Nr. 141, S. 94; Krocker: Sachsen und die Hussitenkriege, S. 7; Ermisch: Schlacht bei Außig, S. 6-7; Krzenck: Hussitenkriege, S. 60-61.*

104 *Vgl.: Palacký: Urkundliche Beiträge I, Nr. 381, S. 430.*

105 *Vgl.: Querengässer: Triumph for the heretics, S. 42; Palacký: Der Hussitenkrieg 1419-1431, S. 405-407; Krocker: Sachsen und die Hussitenkriege, S. 6-7; Bezold: Sigismund und die Reichskriege II, S. 81-82.*

106 *Zit.: CDS II 8, Nr. 142, S. 95, Beilage eines Schreiben der Kurfürstin an den Rat der Stadt Leipzig vom 12. Februar 1426 „dass sich die Waisen nun am nächsten Freitag von Schlaan auf Laun ziehen, und uns eigentliche Botschaft gekommen ist, dass sie in drei Tagen zu uns nach Aussig kommen und uns berennen und belagern wollen, und die von Lutenbritz und Saatz und anderen ihrer Städte in jeder Stadt Hilfe aufgeboten haben, die sich zur Zeit bei Laun zusammenziehen und sammeln.“*

107 *Vgl.: Querengässer: Triumph for the heretics, S. 42-43; Palacký: Der Hussitenkrieg 1419-1431, S. 407-408; Krocker: Sachsen und die Hussitenkriege, S. 9-10; Ermisch: Schlacht bei Außig, S. 6-7.*

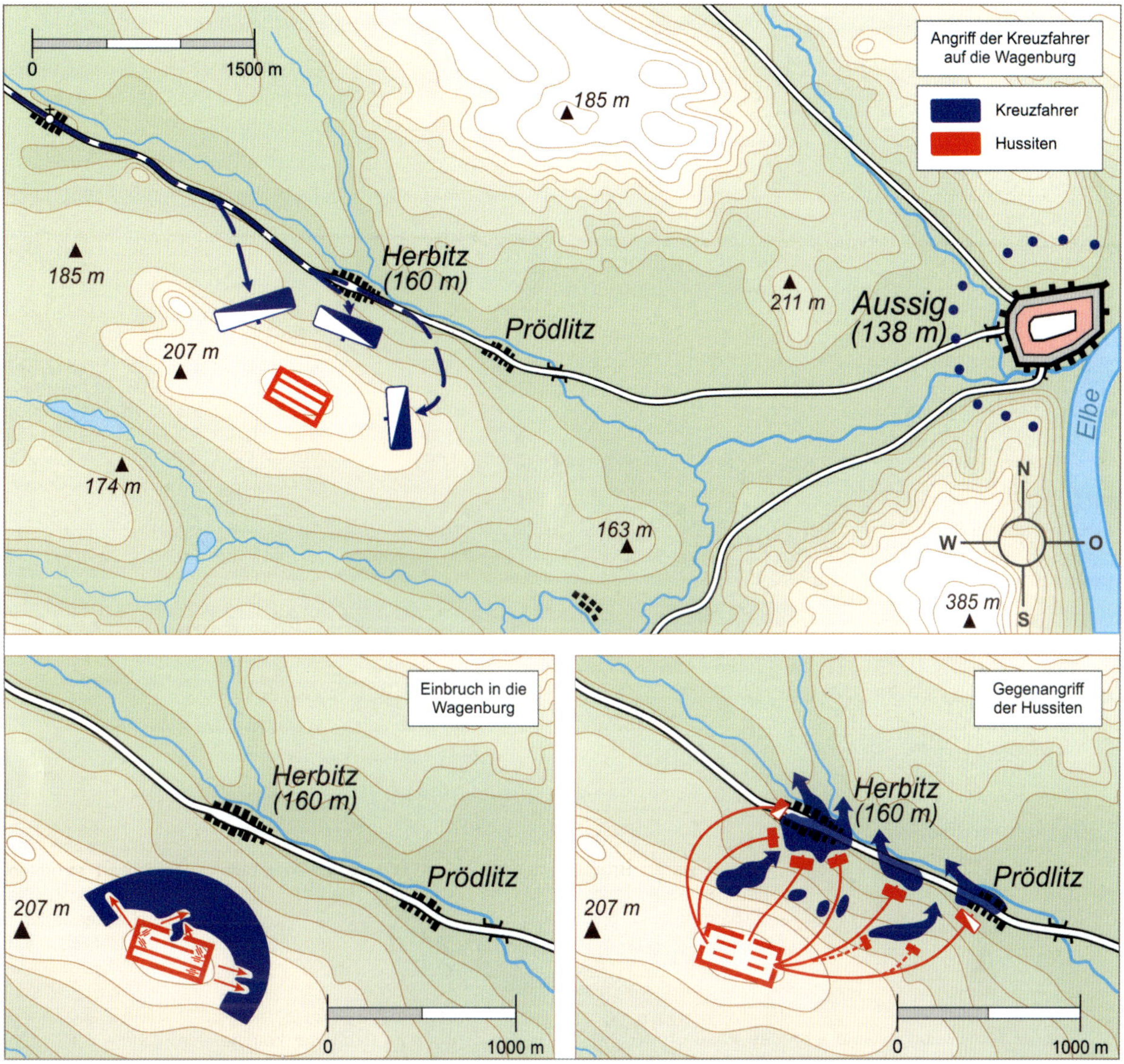

schwanken gewaltig. Manche Chronisten berichten von 100.000 Mann. Aber wenn es dem gesamten Reich unmöglich war, ein solches Heer auf die Beine zu stellen, wie soll es dann einem einzelnen Fürsten möglich gewesen sein? Realistischere Schätzungen gehen daher von 8-25.000 Mann aus. 8.000 Mann betrug vermutlich die Stärke der bei Groß Bobritsch gesammelten Truppen. Aber das sächsische Heer bestand aus drei Abteilungen, zu denen sich auch Truppen der Sechsstädte gesellten, sodass die Gesamtstärke durchaus auf 25.000 Mann beziffert werden kann. Das Aufgebot der Sechsstädte unter Hans von Kolditz hatte sich im Mai bei Großhennersdorf gesammelt. Ihr Ziel bestand eigentlich im Entsatz des bedrängten Leipa. Als die Stadt fiel, schloss sich das Heer der sächsischen Armee an.[108]

Am 14. Juni brach das Heer auf, eine Weile begleitet von der sächsischen Kurfürstin. In drei Heeressäulen marschierten die Sachsen über die Pässe des Erzgebirges nach Graupen. Aussig und Brüx waren inzwischen durch das hussitische Hauptheer unter Prinz Korybut und Prokop dem Kahlen eingekreist worden. Eine dritte hussitische Abteilung beobachtete die Pässe im Gebirge. Der sächsische Befehlshaber Bosse Vitzthum plante diese drei Haufen nacheinander zu schlagen. Allerdings zögerten die in Graupen eintreffenden Ritter aus Meißen einen sofortigen Angriff hinaus.

108 *Vgl.: Querengässer: Triumph for the heretics, S. 4-443;*

Palacký: Der Hussitenkrieg 1419-1431, S. 409-413;
Krocker: Sachsen und die Hussitenkriege, S. 10-16;
Ermisch: Schlacht bei Außig, S. 7-18;
Korschelt: Kriegsdrangsale der Oberlausitz, S. 176-177;
Krzenck: Hussitenkriege, S. 60-61.

Nächste Doppelseite: **Die Schlacht bei Aussig**
Die Darstellung zeigt den Wendepunkt der Schlacht. Der Angriff der sächsischen Ritter hat an den Wagenburgen an Wucht verloren. Das hussitische Fußvolk geht zum Gegenangriff über. In kleinen Gruppen überwältigen sie die Reiter und ziehen sie mit Hellebarden oder Haken von ihren Pferden. Die Gruppe links trägt ein ganzes Arsenal zeittypischer Stangenwaffen: Kriegsflegel, Morgenstern und Ahlspieß.

Auch sie wollten erst die Vereinigung des sächsischen Heeres mit den Abteilungen der Lausitzer abwarten. Doch dieses Zögern ermöglichte es den Hussiten sich zu sammeln.[109] Die Sachsen waren zuversichtlich. Ein Herold der Böhmen, der über den Umgang mit Gefangenen verhandeln sollte, wurde mit der Erklärung zurückgeschickt *„Wir werden alle ohne Unterschied hinmorden.“*[110]

Zwischen den beiden Dörfern Prödlitz und Herbitz, westlich von Aussig formierten die Hussiten auf einer Anhöhe ihre Wagenburg mit einem inneren und einem äußeren Ring. Kurz vor der Schlacht scheint Prokop der Kahle zum obersten Führer der verschiedenen Feldheere gewählt worden zu sein. Am 16. Juni kam es hier zur Entscheidungsschlacht. Es war ein heißer Sommertag und die aus Graupen heran marschierenden und bereits erschöpften Sachsen griffen die Wagenburg sofort an. Schon das Abwehrfeuer aus Geschützen, Büchsen und Armbrüsten der Hussiten riss große Lücken in die Reihen der sächsischen Ritterschaft.[111]

Die zurückflutenden Ritter litten unter der Hitze, wie ein Chronist berichtet: *„Unnd das volck was noch ungeschicket unnd wart fluchtig. In derselben flucht erstickte das volck im harnasche von großem stoube unnd hitcze, unnd ditte was uff sente Vitis tag, sundern dy gutte redeliche ritterschafft, dy ungerne floen unnd den eren gerne hetten gnukg gethan, dy worden das meiste teil erslagen, wanne das volck das meiste teil gemeiniclich wedder zurucke floch.“*[112]

Trotzdem gelang es dem Heer, den ersten Wagenring aufzubrechen. Doch die Ordnung der Sachsen hatte sich nun bereits so sehr gelöst, dass ein Gegenstoß der Hussiten die Attacke in sich zusammenbrechen ließ. Die Flegler zogen die zwischen den Wagen festgekeilten Ritter vom Pferd und machten sie nieder. Als erstes sollen die Meißner vom Schlachtfeld geflohen sein, als letztes die Thüringer. Die geschlagene Armee strömte zurück in die sicheren Wälder des Erzgebirges, dicht verfolgt von den Hussiten. Die Blüte der meißnisch-thüringischen Ritterschaft wurde dahin gemetzelt, darunter der letzte Burggraf von Meißen, Heinrich von Hartenstein, sowie je nach Angabe 8 bis 14 weitere Grafen, 10 Freiherrn und über hundert Edelleute, darunter angeblich allein 21 aus der Familie von Köckeritz. Die Gesamtverlustangaben schwanken so sehr, wie die Zahlen zur Heeresstärke – zwischen 4 und 50.000 Mann. Geht man von einer sächsischen Heeresstärke von 15.000 Rittern und Knechten aus, so scheinen Angaben von 4.000 Mann Verlusten im Bereich des Realistischen zu liegen.[113]

109 *Vgl.: Querengässer: Triumph for the heretics, S. 44-45; Palacký: Der Hussitenkrieg 1419-1431, S. 413-414; Krocker: Sachsen und die Hussitenkriege, S. 16-18; Bezold: Sigismund und die Reichskriege II, S. 82.*

110 *Zit.: Ermisch: Schlacht bei Außig, S. 35.*

111 *Vgl.: Querengässer: Triumph for the heretics, S. 44-45; Palacký: Der Hussitenkrieg 1419-1431, S. 415; Krocker: Sachsen und die Hussitenkriege, S. 18-19.*

112 *Zit.: Ermisch: Schlacht bei Außig, S. 41 „und das Volk, was noch nicht geschickt (in Kampfhandlungen verwickelt) war, floh. In derselben Flucht erstickte das Volk im Harnisch wegen des großen Staubes und der Hitze, und das, was am St. Veitstag, besonders die gute redliche Ritterschaft, die ungern flohen und der Ehre gern Genüge getan hätten, die wurden meistenteils erschlagen, während der meiste teil des (Fuß-)Volk wieder zurück floh.“*

113 *Vgl.: Querengässer: Triumph for the heretics, S. 45-46; Palacký: Der Hussitenkrieg 1419-1431, S. 415-416; Krocker: Sachsen und die Hussitenkriege, S. 19-20; Ermisch: Schlacht bei Außig, S. 20-31.*

Am folgenden Tag stürmte das hussitische Heer Aussig und verwüstete die Stadt so gründlich, dass sie in den kommenden drei Jahren nahezu verlassen dagelegen haben soll. Die sächsische Besatzung und große Teile der Bevölkerung hatten sich am Vortag während der Schlacht retten können. Ein Teil der Fliehenden glaubte sich in der nahen Burg Schreckenstein in Sicherheit. Doch auch diese wurde kurz darauf von den Hussiten gestürmt.[114]

In Sachsen bereitete die Kurfürstin eine Verteidigung der Grenzfestungen und –städte Königstein, Pirna, Freiberg und Dresden vor, aber noch immer wagten sich die Hussiten nicht über das Erzgebirge. Als Kurfürst Friedrich aus Nürnberg zurückkehrte, dachte er jedoch nicht an Verteidigung, sondern bereits wieder an den Angriff, immerhin hielt Brüx der hussitischen Belagerung weiterhin stand. Tatsächlich zog der Kurfürst nur acht Wochen nach der Katastrophe von Aussig mit einer neuen Armee nach Böhmen und schlug das Prager Feldheer zurück, welches dabei 1.500 Mann und eine große, in Kuttenberg gegossene Bombarde auf dem Feld zurück ließ.[115]

Der Vierte Hussitenkreuzzug

Auch in Südböhmen wurden die Hussiten 1426 wieder aktiv. Sie stürmten mehrere Städte und Burgen und marschierten erneut in Österreich ein. Doch diesmal konnte Herzog Albrecht bei Korneuburg rechtzeitig seine Armee versammeln, sodass sich die Ketzer zurückziehen mussten.[116]

Herzog Albrecht begann mit der Belagerung von Lundenburg (Břeclav), einer wichtigen hussitischen Festung in Südböhmen. Doch obwohl er verschiedenen Quellen zufolge fast 40.000 Mann ins Feld geführt hatte, widerstanden die Hussiten zunächst allen Angriffsbemühungen. Im Oktober drängte der Herzog auf eine Entscheidung, auch weil sich aus dem Norden das Feldheer der Taboriten unter Prokop der bedrängten Festung näherte. Ende Oktober bereiteten die Taboriten von Eibenschitz aus ihren Angriff vor. Herzog Albrecht richtete vier Briefe an die Stadt Wien, in welchen er mal flehentlich bittend mal drohend um Verstärkungen bat. Doch da diese Hilfe ausblieb, musste der Herzog die Belagerung Anfang November abbrechen und sich vor Prokops Armee zurückziehen.[117]

Die Hussiten rückten erneut in Österreich ein und drangen bis an die Donau vor. Hier plünderten sie etliche Dörfer und führten den erbeuteten Proviant nach Lundenburg ab. Gleichzeitig drangen etwa 4.000 Hussiten von Südböhmen aus im Westen Österreichs ein. Am Silvesterabend 1426 erschienen sie vor der Stadt Zwettel, die jedoch alle Angriffsversuche abwehrte. Erzürnt steckten die Hussiten das vor der Stadt gelegene Dominikanerstift an und zogen am 3. Januar 1427 wieder nach Norden ab.[118]

114 *Vgl.: Querengässer: Triumph for the heretics, S. 46; Palacký: Der Hussitenkrieg 1419-1431, S. 416-417; Krocker: Sachsen und die Hussitenkriege, S. 23.*

115 *Vgl.: Palacký: Der Hussitenkrieg 1419-1431, S. 417-419; Krocker: Sachsen und die Hussitenkriege, S. 23-24; Bezold: Sigismund und die Reichskriege II, S. 85.*

116 *Vgl.: Stöller: Österreich im Kriege gegen die Hussiten, S. 39-40.*

117 *Vgl.: Palacký: Der Hussitenkrieg 1419-1431, S.419-420; Stöller: Österreich im Kriege gegen die Hussiten, S. 42-43.*

118 *Vgl.: Stöller: Österreich im Kriege gegen die Hussiten, S. 43-45.*

Darstellung der Schlacht bei Aussig (hier genannt Bruck=Brüx)
(Geschichte Kaiser Sigismunds)

Doch die Taboriten waren über den hartnäckigen Widerstand der kleinen Stadt so erbost, dass sie am 12. März 1427 ein weiteres Mal mit 16.000 Mann vor ihren Toren standen. Obwohl die Stadt über keine modernen Mauern verfügte, gelang es den Hussiten auch dieses Mal nicht, sie im ersten Anlauf einzunehmen. Zur Versorgung ihrer Armee verheerten sie das Umland und zogen auch das Kremstal hinauf. Herzog Albrecht versammelte bei Krems ein Entsatzheer und griff am 25. März die Stellungen der Hussiten an. Der erste Angriff der Österreicher war von Erfolg gekrönt. Die Hussiten wurden geworfen. Bei der anschließenden Verfolgung wurde auch die Wagenburg gestürmt. Doch anstatt den Sieg zu vollenden, fielen die österreichischen Truppen nun auseinander. Das hussitische Lager wurde geplündert und die Söldner des Herzogs verloren ihren Zusammenhalt. Die Taboriten nutzten die Gelegenheit aus, sammelten eine Schar Reiter und führten unter lautem Geschrei einen Gegenangriff durch. Dieser drängte die Österreicher wieder aus der Wagenburg hinaus. Die Hussiten machten bei der anschließenden Verfolgung etliche ihrer Gegner nieder. Nur ein kleiner Teil der Entsatzarmee erreichte die rettenden Mauern Zwettels. Aber auch die Verluste der Taboriten waren hoch und die Besatzung der Stadt wurde nun durch die flüchtenden Österreicher verstärkt. Daher wurde die Belagerung abgebrochen. Die Böhmen zogen sengend und brennend nach Osten bis ins Stift Altenburg und von hier anschließend nach Norden.[119]

Nach den militärischen Erfolgen der Hussiten und vermutlich bestärkt durch ihre vorrübergehende politische Einheit, versuchte Sigismund Korybut 1427 ein weiteres Mal, Verhandlungen mit König Sigismund aufzunehmen, um einen Ausgleich zwischen Hussiten und Katholiken herbeizuführen. Korybut strebte nach wie vor nach einer eigenen Krone. Außerdem nahm er geheime Verhandlungen mit dem Papst auf, dem er sogar versprach, das Land in den Schoß der Kirche zurückzuführen. Der Papst sollte als oberster Richter über alle offenen theologischen Fragen entscheiden. Im Gegenzug sollte Martin V. seine Unterstützung für Sigismunds Bemühungen um die Wenzelskrone zurückziehen und stattdessen die Kandidatur des Litauers unterstützen. Dieses Vorgehen sahen jedoch nicht nur die Taboriten als Verrat an. Am 17. April 1427 verhafteten und entmachteten die Prager unter Jan Rokycana, dem neuen Pfarrer der Universität, den Landesverweser und brachten ihn auf die ostböhmische Burg Waldstein.[120]

Die politische Isolierung Korybuts führte dazu, dass die Stimme des Adels und der Prager vorrübergehend an Kraft verlor und die radikalen Elemente, namentlich die Taboriten und die Waisen unter der Führung Prokops des Kahlen an Einfluss gewannen. Prokop hatte sich bereits nach der Schlacht bei Aussig dafür ausgesprochen, die Bewegung auch nach außen zu tragen. Es gelang ihm für längere Zeit, ein gutes Verhältnis zu den Utraquisten herzustellen, was auch daran gelegen haben mag, dass er eine freundschaftliche Bindung zu Rokycana pflegte, der mehr und mehr die theologische Führungsposition an der Karlsuniversität übernahm. Dabei gehörte Rokycana zum gemäßigten Teil dieser Gruppierung und sah wesentlich mehr Gemeinsamkeiten zwischen Utraquisten und Katholiken, als zu den Taboriten. Wieder war es nur die Frage nach der Kelchkommunion in der innerhalb der Hussitenbewegung Einigkeit bestand und die auch Prokop und Rokycana zusammenschweißte.[121]

119 Vgl.: Stöller: *Österreich im Kriege gegen die Hussiten*, S. 45-47.

120 Vgl.: Palacký: *Der Hussitenkrieg 1419-1431*, S. 424-428.

121 Vgl.: Palacký: *Der Hussitenkrieg 1419-1431*, S. 429-433.

Der 1426 in Nürnberg beschlossene Kreuzzug kam erst im Folgejahr zustande. Die Verhandlungen waren zäh, auch weil König Sigismund gar nicht daran teil nahm. Im Juni 1427 sammelte sich an der Westgrenze Böhmens das Reichsaufgebot, dessen Oberbefehl wiederum Friedrich I. von Brandenburg übernahm. Friedrich der Streitbare hütete das Krankenbett, er sollte ein halbes Jahr später versterben. Stattdessen nahm sein Sohn Friedrich II., genannt der Sanftmütige, an diesem Heerzug teil.[122]

Während viele Chronisten das deutsche Heer auf 160.000 bis 200.000 Mann schätzen, was allein wegen der im Reich tobenden Fehde zwischen dem Landgrafen von Hessen und den Kurfürsten von Mainz und Köln unwahrscheinlich scheint, geben authentische Berichte seine Stärke mit 4-5.000 Reitern und *„viel fueßvoelcks“* [123] an.

Der ursprünglich in Nürnberg gefasste Plan sah vor, dass vier getrennte Heere in Böhmen einfallen sollten. Friedrich von Brandenburg kommandierte den Hauptstoß der deutschen Kontingente, die sich in Nürnberg sammelten. Friedrich von Sachsen sollte mit einem Heer von Freiberg über das Erz- und die schlesischen Fürsten und die Sechsstädte über das Riesengebirge ziehen. Aus Süden würden die Aufgebote Albrechts von Österreich und des Bischofs von Salzburg für Entlastung sorgen.[124]

Da es jedoch einige Zeit benötigte, bis diese Heer beisammen und an den böhmischen Grenzen aufmarschiert waren, nutzten die Taboriten und Waisen die Gelegenheit für einen eigenen Heerzug. Mitte Mai marschierten sie über das Zittauer Gebirge in die Lausitz ein.[125]

Im Juli zog das Kreuzzugsheer nach Tachau, wo es am 12. Juli jubelnd empfangen wurde. Friedrich von Brandenburg wollte die Fehler der Vorjahre nicht wiederholen. Anstatt sich mit der Belagerung strategisch wenig bedeutender Städte zu verzetteln, plante er einen direkten Vorstoß auf Prag. Daher begab er sich zum sächsischen Heer, um Friedrich II. zu einer Kooperation zu bewegen. Der Kurfürst von Trier übernahm den Befehl der Hauptstreitmacht, zog nach Mies (Stříbro) weiter und belagerte die kleine Bergbaustadt. Die sächsischen Truppen folgten und trafen wenig später ebenfalls vor der Stadt ein. Allerdings erkrankte Friedrich von Sachsen schwer und musste ärztliche Betreuung in Tachau aufsuchen. Kaum hatten die Deutschen die Stadt Mies vollständig eingeschlossen, näherte sich am 1. August das hussitische Ersatzheer unter Prokop dem Großen.[126]

Friedrich von Brandenburg sandte am Folgetag Heinrich von Plauen mit 300 Reitern aus, um den Vormarsch der Hussiten zu stoppen. Dadurch sollte Zeit gewonnen werden, um das Heer neu zu formieren. Heinrich war tapfer genug die Marschspitzen des gegnerischen Heeres anzugreifen. Nach lang hin-

122 Vgl.: Palacký: *Der Hussitenkrieg 1419-1431*, S. 437-443; Krocker: *Sachsen und die Hussitenkriege*, S. 25; Stöller: *Österreich im Kriege gegen die Hussiten*, S. 41-42; Durdík: *Hussitisches Heerwesen*, S. 228-229.

123 Zit.: Krocker: *Sachsen und die Hussitenkriege*, S. 25.

124 Vgl.: Palacký: *Urkundliche Beiträge I*, Nr. 439, S. 500-502; Bleicher: *Das Herzogtum Niederbayern*, S. 140-141.

125 Vgl.: Palacký: *Der Hussitenkrieg 1419-1431*, S. 434-436; Durdík: *Hussitisches Heerwesen*, S. 231-233.

126 Vgl.: Palacký: *Der Hussitenkrieg 1419-1431*, S. 445-447; Krocker: *Sachsen und die Hussitenkriege*, S. 26-27; Durdík: *Hussitisches Heerwesen*, S. 230-233; Bleicher: *Das Herzogtum Niederbayern*, S. 143.

ziehenden Scharmützeln kehrten seine Reiter um Mitternacht zurück.[127]

Sowie die Hussiten in Sicht kamen, floh das deutsche Heer am Morgen des 3. August nach Tachau zurück. Friedrich von Brandenburg berichtete noch sehr zurückhaltend über diese Niederlage an Sigismund: *„Also wurden wir hern alle mit sampt dem egenanten Cardinal zu Rate vnd vns auf einen Bergk bey Tachaw zu ruken vnd fürder zu dem feinde zu zihen. Do wir also auf den bergk kamen vnd vnser volk schawten, do war des volks in der nachten davor zu rosse vnd zu fusse vnd auch der wagen domit man ein wagenburgh nach ordnung des streits gemacht solt haben, so dann bestalt vnd geordininirtt war, so vil wegk vnd das here clein geworden das den Cardinal vnd andern fürsten vnd hern nach gelegenheit der sachen von den meisten gerathen wurde, nicht gen den feind zu zihen vnd mit jn zu streiten ane wagenburg."*[128]

Prokop ließ seine Truppen ausruhen, während Friedrich in Tachau seine Ritter dazu bewegen wollte, sich auf einem Hügel zur Schlacht zu stellen. Als er am nächsten Tag seine Armee auf dieser Anhöhe musterte, waren über Nacht bereits so viele Ritter und Knechte geflohen, dass sich die verbliebenen Fürsten dazu entschieden, die Schlacht nicht anzunehmen. In einem Tobsuchtsanfall soll daraufhin der päpstliche Legat wütend die Reichsflagge zerrissen und auf den Boden geschleudert haben.[129]

Das Kreuzfahrerheer flutete, ohne sich auf größere Kampfhandlungen eingelassen zu haben, zur Grenze zurück. Nur wenige Ritter flüchteten sich in die Stadt Tachau, die am 11. August nach heftigem Artilleriebeschuss durch die Hussiten gestürmt wurde. Drei Tage später fiel auch die Burg. Kurz danach wurde ein weiterer Waffenstillstand zwischen den Hussiten und den immer noch königstreuen Pilsenern geschlossen.[130] So scheiterte der Vierte Hussitenkreuzzug, ohne dass es zu größeren Gefechten kam, aufgrund der Uneinigkeit und der zahlenmäßigen Schwäche des deutschen Heeres.

Im Februar 1428 sammelte Prokop die Taboriten und Waisen und führte sie durch das Marchtal nach Südosten. Das Ziel der Hussiten war dieses Mal Preßburg (Bratislava), von wo aus sie weiter nach Ungarn vorstoßen wollten. Doch Preßburg widerstand dem ersten Sturm der Böhmen, sodass Prokop sein Heer bereits Ende Februar wieder nach Ungarisch-Brod zurück führte. Er selbst wandte sich nun nach Schlesien, während ein kleiner Teil des Heeres in Oberungarn einfiel. Diese Gruppe drang zunächst tief in das Königreich ein, doch bald wendete sich das Blatt. König Sigismund organisierte ein Landesaufgebot und es gelang ihm, mit Hilfe der Pressburger den Hussiten den Weg abzuschneiden. Auch Herzog Albrecht von Österreich führte ein Heer nach Znaim. Den Ketzern drohte die Einkreisung. Aber die Hussiten fanden eine Lücke und enteilten ihren Verfolgern mit schnellen Märschen nach Böhmen, von wo aus sie im Mai einen erneuten Überfall auf Niederösterreich durchführten.[131]

Anfang Juni hatten sich etwa 10.000 Mann der Taboriten und Waisen um Lundenburg gesammelt und drangen von hier aus auf das Marchfeld an der Donau vor. Sie wagten allerdings nicht, den Fluss zu überqueren, sondern zogen sich, nachdem sie die Dörfer und Städte auf dem Nordufer verheert hatten, wieder nach Böhmen zurück.[132]

Im Juli konzentrierten die Hussiten ihr Augenmerk auf die Belagerung der kleinen Festung Bechin, unweit von Tábor. Der tapfere Widerstand des Burghauptmanns Henrich von Lažan zog die Belagerung in die Länge. Da die Taboriten sich in der ausgezehrten Umgebung der Stadt nicht mehr versorgen konnten, waren sie gezwungen, lange Beutezüge bis nach Oberösterreich zu unternehmen. Doch erst Mitte Oktober übergab Lažan die Festung gegen die Zusicherung freien Abzugs.[133]

Der Umstand, dass Prokop mit den Waisen und Taboriten an der Peripherie des Landes operierte und der Krieg kein Ende nahm, führte zu einem Erstarken der Partei Sigismund Korybuts. Nachdem dessen Anhänger seinen Aufenthaltsort in Erfahrung gebracht hatten, besetzten sie Prag und erzwangen am 9. September seine Freilassung. Korybut verließ jedoch Böhmen und kehrte nach Polen zurück, von wo aus er die Vorgänge im Land allerdings weiterhin sorgfältig beobachtete.[134]

Das Jahr 1428 war vermutlich das ruhigste des gesamten Krieges. König Sigismund und Papst Martin gelang es nicht, einen weiteren Kreuzzug auf die Beine zu stellen. In Böhmen versuchten die verschiedenen Parteien der Hussiten einen theologischen Ausgleich zu finden, was allerdings ebenfalls ein aussichtsloses Unterfangen darstellte.[135]

Trotz seiner politisch-religiös aggressiven Haltung nahm Prokop im März 1429 ein Angebot König Sigismunds, nach Preßburg zu kommen, an, um endlich eine gütliche Einigung herbeizuführen. Dazu hatte der König auch einige schlesische, böhmische und bayrische Fürsten sowie den Herzog von Österreich geladen. Prokop und sein Gefolge trafen am 4. April in der Stadt ein. Sigismund gab sich sehr umgänglich, forderte aber die Rückkehr der Hussiten zum katholischen Glauben. Sollten sie dies nicht wollen, so könnten sie ihre Ideen auf einem für 1431 in Basel einberufenes Kirchenkonzil vortragen. Bis dahin sollte ein Waffenstillstand eingehalten werden. Doch diesem Konzil wollten sich die Hussiten nicht unterwerfen. Schließlich erklärte Prokop, dass seine Abordnung auch gar nicht berechtigt wäre, eine solche Vereinbarung mit dem König zu treffen. Dafür müsste ein Landtag in Prag einberufen werden. Bereits am 9. April verließ Prokop Preßburg wieder. Ende Mai kam der Landtag zustande. Dieser willigte schließlich ein, Gesandte auf das Konzil zu schicken und auch einen Waffen-

127 *Vgl.: Šmahel: Hussitische Revolution II, S. 1424.*

128 *Zit.: Palacký: Urkundliche Beiträge I, Nr. 472, Nr. 541-542 „Also beschlossen wir Herren mit samt dem genannten Kardinal auf dem Rat, auf einen Berg bei Tachau zu rücken und weiter gegen den Feind zu ziehen. Da wir also auf den Berg kamen und unser Volk betrachteten, da war das Volk in der Nacht davor (an Männern) zu Ross und zu Fuß und auch die Wagen, mit denen eine Wagenburg nach Kriegsordnung gemacht werden sollte, die hierher bestellt und anbefohlen waren, so viel weg und das Heer klein geworden, dass dem Kardinal und anderen Fürsten und Herren nach Gelegenheit der Sache von den meisten (Hauptleuten) geraten wurde, nicht gegen den Feind zu ziehen und mit ihm an der Wagenburg zu streiten."*

129 *Vgl.: Palacký: Der Hussitenkrieg 1419-1431, S. 447; Krocker: Sachsen und die Hussitenkriege, S. 27-28; Durdík: Hussitisches Heerwesen, S. 233-235; Bleicher: Das Herzogtum Niederbayern, S. 144.*

130 *Vgl.: Palacký: Der Hussitenkrieg 1419-1431, S. 447-450; Krocker: Sachsen und die Hussitenkriege, S. 27-28; Durdík: Hussitisches Heerwesen, S. 235.*

131 *Vgl.: Stöller: Österreich im Kriege gegen die Hussiten, S. 50-51; Šmahel: Hussitische Revolution II, S. 1434-1436.*

132 *Vgl.: Stöller: Österreich im Kriege gegen die Hussiten, S. 51; Šmahel: Hussitische Revolution II, S. 1439-1440.*

133 *Vgl.: Stöller: Österreich im Kriege gegen die Hussiten, S. 52-53.*

134 *Vgl.: Palacký: Der Hussitenkrieg 1419-1431, S. 453-454.*

135 *Vgl.: Palacký: Der Hussitenkrieg 1419-1431, S. 457-460.*

Die vereinfachte Darstellung aus der *„Geschichte Kaiser Sigismunds“* zeigt einen Reiterangriff auf eine Wagenburg. Obwohl diese sehr idealisiert dargestellt wird, lassen sich sehr viele authentische Details an den Rüstungen und Waffen der Ritter erkennen.

stillstand mit Ungarn, Österreich und Schlesien, nicht aber mit Sachsen und Bayern einzuhalten.[136]

Im Frühjahr 1429 standen die hussitischen Feldheere breit verteilt in Südböhmen und Mähren und führten eine Reihe nadelstichartiger Angriffe auf Österreich aus. Im April stießen sie auf Eggenburg vor, belagerten die Stadt und plünderten die umliegenden Dörfer aus. Ein eilig aufgebotenes Entsatzheer konnte die Hussiten jedoch zum Rückzug bewegen. In der Zwischenzeit fielen die Taboriten im Land ein und da ein Großteil des Landesaufgebotes bei Eggenburg gebunden war, gelang es diesen bis nach Krems vorzustoßen. Doch die durch die Donau und gute Mauern geschützte Stadt konnte den Angreifern so lang Widerstand entgegen setzen, bis das Entsatzheer herbei geeilt war und die Hussiten in einer Reihe von Kämpfen zurückschlug. Im Juli unternahmen sie einen weiteren Vorstoß entlang der Linzer Salzstraße nach Oberösterreich. Bei all diesen Heerfahrten zogen sich die Hussiten zurück, sobald sie auf ernsthaften Widerstand trafen. Es kann daher davon ausgegangen werden, dass diese Raubzüge als Diversionsmanöver für den geplanten Feldzug des Jahres 1429 angedacht waren, um die österreichischen Kräfte aus Böhmen fern zu halten.[137]

136 Vgl.: Palacký: Der Hussitenkrieg 1419-1431, S. 475-482.

137 Vgl.: Stöller: Österreich im Kriege gegen die Hussiten, S. 55-58.

DIE HERRLICHEN HEERFAHRTEN

Züge nach Schlesien

Im Frühjahr 1421 stellten die schlesischen Herren und Städte ein Heer von angeblich 20.000 Mann zusammen, mit dem sie im Nordosten Böhmens einfielen. Zwischen Police, Trautenau (Trutnov) und Nachod (Náchod) verwüsteten sie die Dörfer und stürmten anschließend das kleine Ostach, welches die Schlesier so gründlich zerstörten, dass es nie wieder aufgebaut wurde. Der damals in Caslau tagende böhmische Landtag beschloss daher, den Schlesiern ein eigenes Heer entgegen zu stellen. Weil diese sich zu diesem frühen Zeitpunkt keine Hoffnung darauf machen konnten, dass König Sigismund ihnen mit dem in Aufstellung befindlichen Aufgebot des 2. Kreuzzuges zu Hilfe eilen würde, zogen sie sich zurück. Nur Streitigkeiten unter den hussitischen Heerführern in Nachod verhinderten, dass es noch in diesem Jahr zu einem Vergeltungszug auf schlesischem Territorium kam.[138]

Stattdessen wagten die Schlesier im September einen zweiten Vorstoß nach Böhmen, um das vor Saatz fest gerannte Kreuzfahrerheer zu entlasten. Hier gelang es ihnen am 19. September kurz vor Nachod ein hussitisches Aufgebot zu schlagen.[139]

Im Sommer 1425 sammelte der Bischof von Breslau ein Heer und fiel im Osten Böhmens ein. Die Schlesier machten sich die Unstimmigkeiten innerhalb der hussitischen Bewegung zu Nutze und zogen brandschatzend bis Trautenau und Nachod.[140]

Im Frühjahr 1427 wurden die Böhmen selbst offensiv. Unter ihrem neuen Führer Prokop zogen die Taboriten und Waisen über die Grenze. Mitte Mai marschierten sie über das Zittauer Gebirge in die Lausitz ein. Zittau selbst verschonten sie, da die Stadt zu gut befestigt und mit Truppen besetzt war, und marschierten stattdessen nach Görlitz, wo sie die Oder überquerten und in Schlesien einfielen. Hier plünderten sie die Städte Lauban (Lubań), Löwenberg (Lwówek Śląski), Goldberg (Złotoryja), Jauer (Jawor) und Bolkenhain (Bolków). Als ihr Heer vor Löwenberg stand, versuchte der Hauptmann von Schweidnitz ein schlesisches Aufgebot zum Entsatz heran zu führen. Doch die Böhmen fingen das Heer auf dem Marsch ab, schlugen es in offener Feldschlacht und trieben etliche der Söldner in die Bober. Anfang Juni kehrten sie nach Böhmen zurück. Der Zug hatte die Lausitzer Sechsstädte und die schlesischen Edelleute so verschreckt, dass sie in diesem Jahr nur einen begrenzten Vorstoß nach Nachod führten.[141]

Während des 4. Kreuzzuges unternahmen die Schlesier einen weiteren Entlastungsangriff. Sie stießen über das Gebirge bis Nachod vor. Am 9. August kam es kurz vor der Stadt zu einer Schlacht mit einem Waisenheer unter Jan Čapek von Sán. Die Schlesier unternahmen nur einen halbherzigen Angriff auf die Hussiten und täuschten dann einen Rückzug vor. Als die Waisen ungestüm zur Verfolgung ansetzten, gerie-

*138 Vgl.: Machilek: Schlesien, S. 126-129;
Palacký: Der Hussitenkrieg 1419-1431, S. 245-246.*

*139 Vgl.: Machilek: Schlesien, S. 128-129;
Palacký: Der Hussitenkrieg 1419-1431, S. 254.*

*140 Vgl.: Machilek: Schlesien , S. 129-130;
Palacký: Der Hussitenkrieg 1419-1431, S. 392.*

*141 Vgl.: Machilek: Schlesien, S. 130;
Palacký: Der Hussitenkrieg 1419-1431, S. 434-436;
Durdík: Hussitisches Heerwesen, S. 231-233.*

Die Herrlichen Heerfahrten der Hussiten.

ten sie in einen Hinterhalt und wurden schwer geschlagen. Da die Schlesier jedoch wenig später Kunde von der Schlacht bei Tachau erhielten, zogen sie sich wieder zurück.[142]

1428 folgte ein weiterer Einfall Prokops in Schlesien. Am 13. März stürmten seine Truppen Ober-Glogau. Der Bischof von Breslau sammelte inzwischen ein Aufgebot des Adels und der Städte bei Neiße (Nysa), wo es fünf Tage später zur Schlacht kam. Die Hussiten errangen einen vollständigen Erfolg, töteten 2.000 Feinde auf dem Schlachtfeld oder ertränkten sie im Fluss. Anschließend drangen sie in die Vorstadt ein und brannten sie nieder. Dieser Sieg führte zu einer solchen Panik unter der Bevölkerung, dass viele Menschen ihre Städte und Dörfer beim Herannahen der Hussiten verließen und diese sie verwaist vorfanden. Nur an Breslau, das die Vorhuten der Feldheere am 30. März erreichten, wagten sich die Hussiten nicht heran. Dafür brannten sie Reichenbach (Dzierżoniów) nieder. Der Bischof von Breslau blieb derweil nicht untätig und sammelte bereits im April ein neues Heer. Doch auch die Hussiten erhielten Verstärkungen aus Böhmen, die ihre Truppen auf 24.000 Mann anschwellen ließen. Bald erfuhr Prokop, dass sich das neue schlesische Heer bei Liegnitz (Legnica) sammelte. Als er seine Scharen dort vereinigen und die Schlacht annehmen wollte, stoben die Deutschen allerdings wieder auseinander. Ein weiteres Mal marschierten die Hussiten auf Breslau. Angeblich sollten sich in diesen Tagen 100.000 Schlesier in die Stadt geflüchtet haben. Viele der Städte, die Prokops Heer auf dem Marsch passierte, versuchten sich durch einmalige Tribute von einer Brandschatzung frei zu kaufen. Mitte Mai waren die Transportwagen der Böhmen so voll bepackt mit Beutegut, dass Prokop seine Truppen über die Grenze zurück führte, ohne einen Angriff auf Breslau unternommen zu haben.[143]

Im September desselben Jahres kehrten die Waisen zurück und bezogen nahe Glatz (Kłodzko) ein Lager, wo sie den Angriff eines schlesischen Aufgebots erwarteten. Dieser erfolgte am 27. Dezember unter Herzog Johann von Münsterberg. Doch im Abwehrfeuer der hinter ihren Wagen verschanzten Hussiten schwächte sich der Angriff ab. Als die Geschütze ihr Feuer eröffneten, ergriffen die schlesischen Reiter panisch die Flucht. Der Herzog blieb mit seinem Pferd und seiner schweren Rüstung in einem Sumpf stecken und wurde getötet, ebenso wie 350 seiner Männer. Die Hussiten setzten die Verfolgung in der Nacht fort und verbrannten mehrere Dörfer. Zehn Wochen lang verheerten sie das Land, ehe sie beutebeladen nach Böhmen zurückkehrten.[144]

1430 unternahmen hussitische Heere, unter Bruch des mit König Sigismund ausgehandelten Waffenstillstandes, einen weiteren Zug nach Schlesien. Geführt wurden sie von Parteigängern Sigismund Korybuts. Die Hussiten eroberten Brieg (Brzeg) und Nimtsch (Niemcza), die sie in den folgenden Jahren besetzt halten sollten und von wo aus die Bewegung sich in Schlesien ausbreitete.[145]

Nimtsch wurde noch im Sommer 1430 durch ein lausitzisches Aufgebot belagert und mit schweren Kanonen beschossen. Diese richteten zwar bedeutende Schäden an den Mauern der Stadt an, die hussitische Besatzung konnte sich jedoch halten. Zum Entsatz von Nimtsch rückten schließlich zwei Heere aus Böhmen ein, von denen eines von Prokop dem Großen geführt wurde.[146]

Nachdem die Hussiten 1433 große Teile ihrer schlesischen Besatzungen für eine Heerfahrt nach Galizien abgezogen hatten, gelang es dem Herzog von Troppau am 28. April Odrau (Odry) zurückzuerobern. Hier wurde er jedoch kurz darauf durch Bocek Puklice von Pzorice wieder vertrieben. Bocek startete einen Feldzug tief in schlesisches Gebiet, um das durch mehrere Aufgebote belagerte Landsberg (Gorzów Wielkopolski) zu entsetzen. Doch noch bevor er die Stadt erreichte, legte die Besatzung die Waffen nieder. Bocek selbst wurde auf seinem Vormarsch geschlagen und zog sich nach Odrau zurück, dass er bis in den Herbst 1434 verteidigte. Auch die Besatzung von Nimtsch musste sich verschiedenen Angriffen erwehren, harrte jedoch ebenfalls bis 1434 aus.[147]

Züge in die Lausitz

Neben Österreich gehörte die Lausitz von Beginn an zu einem bevorzugten Angriffsziel der Hussiten. Die sogenannten Sechsstädte und die lausitzischen Markgrafentümer waren Teil des Königreiches Böhmen und erwiesen sich den hussitischen Predigern gegenüber als immun. So bedurfte es kaum der Ermahnung König Sigismunds an die Stadt Bautzen am 15. März 1420, *„wie gar grösslich der Wicleuisten die man anders Hussen nennet, vnglaube, vnsinne, vbeltate, vnd vnredliche werke, die Sy mit zerstörung kirchen, vnd mannichen andern vnmenschlichen dingen, langezijt begangen haben vnd teglich begeen, wider Christenn glauben, die heilig Romisch kirche"*[148] um die Lausitzer auf seine Seite zu ziehen.

Bereits im September 1420 drang ein kleines Heer bis nach Zittau vor. Im Juni informierte die Stadt die Ratsherren von Görlitz, dass ein starker Einfall der Hussiten kurz bevor stehe und dass *„wenne der bozewichte meynunge ist daz sie in kurcz das begynnen wollen, vnd das Ir euch mit den ewern vnde sie ec. Also in achtunge doryn setczen wenn wir lo horen das es anders nicht seyn will, als das wir von gote gehulffen In widersteen mogen, mit ewir hulffe so wir euch anruffende tag oder nacht oder ander botschaft vnd das is not were tun wurden."*[149] Da die Stadt gut befestigt war und die Ketzer anscheinend nicht über das notwendige Belagerungsgerät verfügten, zogen sie nach Oybin weiter. Auch das auf dem Burgberg gelegene Kloster konnte nicht eingenommen werden. Nachdem sie den Meierhof und einige umliegende Dörfer abgebrannt hatten, zogen sich die Hussiten wieder zurück.[150]

142 *Vgl.: Machilek: Schlesien, S. 130; Palacký: Der Hussitenkrieg 1419-1431, S. 451.*

143 *Vgl.: Machilek: Schlesien, S. 131-133; Palacký: Der Hussitenkrieg 1419-1431, S. 462-464.*

144 *Vgl.: Machilek: Schlesien, S. 133; Palacký: Der Hussitenkrieg 1419-1431, S. 470-472.*

145 *Vgl.: Machilek: Schlesien, S. 130; Palacký: Der Hussitenkrieg 1419-1431, S. 505-506.*

146 *Vgl.: Machilek: Schlesien, S. 133-134; Palacký: Der Hussitenkrieg 1419-1431, S. 509-510.*

147 *Vgl.: Šmahel: Hussitische Revolution III, S. 1577-1578.*

148 *Zit.: Palacký: Urkundliche Beiträge I, Nr. 15, S. 22-23 „wie gar groß der Wycleffisten, die man Hussiten nennt, Unglaube, Unsinn, Übeltaten, und unredliche Werke, die sie mit Zerstörung von Kirchen, und vielen anderen unmenschlichen Dingen lange Zeit begangen haben und täglich begehen, wider den christlichen Glauben, die heilige Römische Kirche."*

149 *Zit.: Palacký: Urkundliche Beiträge I, Nr. 116, S. 119 „wenn es der Bösewichte Meinung ist, dass sie in Kürze das beginnen wollen, und das Ihr mit den Euren zur Vorsicht dorthin setzen, wenn wir hören, dass es anders nicht sein will, als dass wir mit Gottes Hilfe ihnen widerstehen mögen, mit Eurer Hilfe, wenn wir euch bei Tag oder Nacht anrufen oder Botschaft schicken würden, dass es an der Not ist."*

150 *Vgl.: Korschelt: Kriegsdrangsale der Oberlausitz, S. 174.*

Doch dieser erste Zug hatte die Lausitzer in Alarmbereitschaft versetzt. Bautzen, Görlitz und Zittau besserten ihre Stadtmauern aus und ließen moderne Geschütze anfertigen. 1421 schlossen die Sechsstädte mit Friedrich dem Streitbaren ein auf fünf Jahre befristetes Schutz- und Trutzbündnis ab.

Zunächst banden die Kreuzzüge erhebliche hussitische Kräfte in Böhmen. Zwar zogen 1422 immer wieder kleinere Streifzüge am Zittauer Gebirge entlang. Doch sie wagten sich nicht in die Lausitz vor, da sie zu schwach waren, um Zittau anzugreifen und durch die Besatzung der Stadt auf ihrem Rückzug hätten abgeschnitten werden können. Zu Beginn des Jahres operierten kleinere hussitische Abteilungen in der Umgebung von Zittau und besetzten das Neuhaus, woraufhin König Sigismund die Sechsstädte dazu aufforderte, *„einander zu helffen. Daromb gebieten wir ewer allen und ewer yglichen ernstlich und vesticlich mit diesem brieue, dass Ir den czittawern, dasselbe Newehaus wider zu bawen das zu beseczen zu behalden.“* [151]

Im April 1423 fiel eine wohl nur 400 Mann starke Schar im Westen der Lausitz ein und brandschatzte eine Reihe von Dörfer. Die Sechsstädte und einige Adlige der Region entschlossen sich zu einem Gegenschlag auf das böhmische Rumburg (Rumburk). Hier wurden die Lausitzer allerdings schwer geschlagen. Die Hussiten verstümmelten oder verbrannten etliche ihrer Gefangenen. Dennoch blieb der Rest des Jahres 1423 ruhig.[152]

Im Folgejahr näherte sich jedoch eine Hussitenarmee von 8.000 Mann zu Fuß und 700 zu Pferd unter Pezko von Podiebrad der Grenze. Die Zittauer, die auf Unterstützung durch ihre Partner vom Sechsstädtebund hofften, besetzten die Burg Karlsfriede, um das Grenzgebirge besser schützen zu können. Am 25. Januar rückten die Zittauer ihrem Feind mutig entgegen, wurden jedoch schwer geschlagen. Die Hussiten schickten 15 der 16 Gefangenen mit abgetrennten Daumen und Nasen zur Abschreckung in die Stadt zurück. Karlsfriede wurde in schnellem Sturm erobert und zerstört. Podiebrad schlug daraufhin sein Quartier in Hartau auf und wandte sich gegen den Burggrafen von Dohna auf Grafenstein und Zittau. Zwar konnten die Hussiten mehrere Dörfer zerstören, doch sowohl die gut befestigte Stadt, als auch die hoch gelegene Burg widerstanden ihren Angriffen. Danach zog sich Podiebrad zurück. Die Hilfe der Sechsstädte traf zu spät im Grenzgebiet ein, unternahm jedoch im Februar einen Vergeltungszug nach Böhmen. Hier hielten sich die Lausitzer ebenfalls an den kleinen Dörfern schadlos.[153]

Schließlich breitete sich die hussitische Bewegung auch auf die Lausitzen selbst aus. 1425 verbanden sich die einflussreichen Herren von Wartenberg mit den Böhmen. Ihnen gehörten die Burgen Tollenstein, Tetschen, Kamnitz und Demnin, die nun alle als Ausgangsbasen für Raubzüge auf lausitzische Städte dienten. Zu Ostern des Jahres 1425 zog Johann von Wartenberg von Tollenstein aus mit einer Schar durch die Lausitz bis nach Marienthal. Wartenberg raubte eine große Viehherde zusammen, die er in Böhmen günstig zu verkaufen hoffte. Auf dem Weg nach Rumburg kam es bei Spitzcunnersdorf zu einem Gefecht mit einem Zittauer Aufgebot, dass von den Wartenbergern schwer geschlagen wurde. Ihr Befehlshaber, Nicol von Ponikau, wurde als Gefangener nach Tollenstein gebracht.[154]

Im Sommer 1425 drang dagegen ein taboritisches Heer über die Grenze vor. Der Grund hierfür mag in dem gegen die Hussiten gerichteten Bündnis liegen, das König Sigismund am 25. Juli mit dem Herzog von Österreich, dem Kurfürst von Sachsen und eben den Sechsstädten abgeschlossen hatte. Die Hussiten brannten Weißwasser, Niemes und Gabel nieder. Ein Angriff auf Löbau konnte zwar abgeschlagen werden, aber die Vorstädte dieses Ortes wurden dabei ebenfalls erheblich in Mitleidenschaft gezogen. Auch die Umgegend von Kamenz wurde schwer verwüstet. Schließlich schlossen sich auch die lausitzischen Adligen Sigismund von Wartenberg auf Tetschen und Wilhelm von Leipa auf Ronow den Hussiten an und zogen erneut vor Löbau. Der Rat von Görlitz schickte einige Schützen, um die Garnison der Stadt zu verstärken. Löbau widerstand letzten Endes der Belagerung.[155]

Abgesehen von den *„Renegaten“* legten die Lausitzer Ritterschaft und die Städte eine große Einigkeit an den Tag. Der 1425 von Sigismund ernannte Landvogt Albrecht von Kolditz entschied, dass der Bund dauerhaft ein Söldnerheer unterhalten solle.

Nachdem ein großer Teil des lausitzischen Heeres bei Aussig vernichtet worden war, fielen im Spätsommer 1426 die Wartenberger wieder über die Dörfer her. Johann blockierte mit 400 Reitern die Stadt Zittau, während sein Bruder Heinrich zwischen Dittersdorf und Cunnersdorf riesige Rinderherden zusammen raubte. Als die Raubritter ihre Beute über die Grenze führen wollten, wurden sie allerdings überraschend von einem Zittauer Aufgebot angegriffen und vernichtend geschlagen.[156]

1427 erfolgte ein weiterer großer Vorstoß der Hussiten in die Lausitz. Prokop der Große und Wenzel von Kaudelink hatten am Zittauer Gebirge große Heere gesammelt. Zur Sicherung der bedrohten Grenzstadt ließ der Landvogt mehrere Ritter des Deutschen Ordens nach Zittau verlegen. Auch Görlitz schickte ein großes Hilfskontingent. Anfang April begannen die Hussiten mit der Belagerung. Doch die Besatzung widerstand allen Angriffsversuchen und nach vierzehn Tagen wandte sich das böhmische Heer nach Norden. Sie verwüsteten Hirschfeld, das Kloster Marienthal und Ostritz. Vor einer Belagerung der Oderstadt Görlitz, die sich bereits auf die Verteidigung vorbereitete, scheuten die Hussiten jedoch zurück. Stattdessen tauchten sie am 15. Mai vor Lauban auf. Bei einem ersten Ausfallversuch gelang es den Bürgern der Stadt sogar die Böhmen zu schlagen. Bei einem zweiten Ausfall wurden sie jedoch selbst besiegt. Als die Laubaner in die Stadt flohen, setzten die Hussiten nach und drangen durch die offen stehenden Tore. Zwei Tage lang wurde die Stadt geplündert und anschließend niedergebrannt, bevor die Hussiten weiter zogen.[157]

Das Frühjahr und der Sommer 1428 blieben zunächst ruhig. Doch im November kehrte Wenzel von Kaudelink mit einem Heer zurück und stürmte das Schloss Friedland (Frýdland). Von hier aus zogen die Hussiten nach Görlitz, das sie jedoch ein weiteres Mal links liegen ließen, und von da nach Löbau,

---

151 *Zit.: Palacký: Urkundliche Beiträge I, Nr. 285, S. 324 „einander zu helfen. Darum gebieten wir euch allen und jeglichen von euch ernstlich und festlich mit diesem Brief, dass Ihr den Zittauern (helft), dasselbe Neuhaus wieder zu bauen und es zu besetzen und zu halten.“*

152 *Vgl.: Korschelt: Kriegsdrangsale der Oberlausitz, S. 174.*

153 *Vgl.: Korschelt: Kriegsdrangsale der Oberlausitz, S. 174-175.*

154 *Vgl.: Korschelt: Kriegsdrangsale der Oberlausitz, S. 176.*

155 *Vgl.: Korschelt: Kriegsdrangsale der Oberlausitz, S. 175-176.*

156 *Vgl.: Korschelt: Kriegsdrangsale der Oberlausitz, S. 176-177.*

157 *Vgl.: Korschelt: Kriegsdrangsale der Oberlausitz, S. 177-178.*

welches ausgiebig gebrandschatzt wurde. Im Westen verband sich eine zweite Schar mit den Herren von Wartenberg, um in der westlichen Lausitz auf Viehraub zu gehen. Am 11. November zogen sich beide Heere nach Rumburg zurück, verfolgt von einem Aufgebot des Landvogts. Fünf Tage später kam es bei Kratzau (Chrastava) zum Kampf. Mit ihrem zweiten Angriff gelang es den Lausitzern, die Hussiten zu zerstreuen, die neben ihrer Beute 600 Tote und 400 Gefangene verloren haben sollen. Bei Machendorf (Machnín) ertranken etliche der Böhmen bei dem Versuch, die Neiße zu durchschwimmen. Andere wurden von den Lausitzern in Scheunen zusammengetrieben und verbrannt. Der Sieg erregte in der Oberlausitz großes Aufsehen.[158]

Doch damit war der Hussitensturm nicht gebannt. Im Frühjahr und Sommer 1429 zogen kleinere hussitische Streifscharen durch die Lausitz, ehe im Herbst fast die gesamte vereinte Macht der Böhmen unter Prokop dem Großen folgen sollte (siehe folgenden Abschnitt).[159] Als die Hussiten schließlich im Oktober über das Erzgebirge auf Dresden vorstießen, befürchteten die Sechsstädte den nächsten großen Angriff. Der Rat von Görlitz bat diesbezüglich um Nachrichten aus Dresden: „*Wir habin vornomen, wie das die verdampten ketzcere ire legir vmbe uch im lande zcu Miessin sullin habin. Bitten wir uch, was ir vornemet von irer geleginheit, wo sie sich hyn meinen zcukeren und adir wendin und was dorynne ir vorsacz sey.*“[160]

Nach ihrem großen Heerzug kehrten die Hussiten bereits im Sommer 1430 in die Lausitz zurück. Sie besetzten Löbau, von wo Sigismund von Wartenberg auf Tetschen eine Reihe von Raubzügen ins Umland unternahm. Er bedrohte sogar Görlitz, zog dann jedoch mit seinem Heer an der Stadt vorbei und marschierte auf Rothenburg. Im Dezember passierte ein Heer der Waisen das Zittauer Gebirge und rückte auf Bernstadt vor. Die Bewohner, die bereits ihr gesamtes Hab und Gut hinter den hohen Mauern der Kirche in Sicherheit gebracht hatten, ergaben sich ihnen, ohne Widerstand zu leisten und wurden daher geschont. Die Böhmen besetzten die Stadt und zogen weiter nach Westen. Neben Bernsdorf wurden Altbernsdorf, Cunnersdorf, Dittersbach und Kiesbach besetzt. Die Bewohner erhielten Geleitbriefe und mussten dafür zusagen, nie gegen die Hussiten die Waffen zu erheben. Außerdem sollten sie ihre Erbzinsen nicht mehr an ihre Herrschaft, sondern die böhmischen Brüder abführen. Noch heute heißt die Anhöhe bei Reichenbach, wo der Brief ausgestellt wurde, der Ketzerberg. Inzwischen waren die Bauern der umliegenden Dörfer nach Reichenbach geflohen. Dessen Bewohner beschlossen, sich den Hussiten zu widersetzten. Sie zogen einen tiefen Graben um die Kirchhofsmauer und richteten sich dahinter zur Verteidigung ein. Die Waisen plünderten zunächst die halb verlassene Stadt und begannen dann ihren Angriff auf den Kirchhof. Die erste Attacke wurde mit einem Hagel aus Armbrustbolzen und Büchsenkugeln abgewiesen. Doch dann gelang es den Hussiten, die Nordmauer des Kirchhofs zu ersteigen. Es war ein blutiges Gemetzel. Die verbliebenen Verteidiger flohen in das feste Kirchgebäude. Vom Glockenturm überschütteten sie die Angreifer mit heißem Pech und schlugen auch diesen Angriff ab. Noch fünfzehn Tage versuchten die Waisen das Gotteshaus zu stürmen. Als am 10. Januar 1431 das Lausitzer Aufgebot unter Thimo von Kolditz und Hans von Polenz vor Reichenbach erschien, zündeten sie die Hussiten die Stadt an und zogen sich zurück.[161]

Doch schon im Februar rückte ein neues Heer aus Taboriten und Waisen unter Prokops Führung von Schlesien her auf Görlitz. Die Stadt hatte allerdings in der Zwischenzeit ihre Befestigungen weiter ausgebaut und unterhielt ein eigenes, starkes Söldnerheer. Die Hussiten zogen deshalb an Görlitz vorbei und marschierten auf Bautzen. Die Stadtherren boten Prokop eine einmalige Tributzahlung an, wenn er mit seinem Heer sofort weiter ziehen würde. Doch er lehnte ab. Die Bautzener mussten ihre eben erst wieder errichteten Vorstädte erneut abbrennen und zogen sich in den Schutz der Stadtmauern zurück. Am 21. Februar hatten die Hussiten an zwei verschiedenen Punkten ihre schweren Geschütze aufgefahren und begannen die Stadt zu beschießen. Nach neun Stunden ließ Prokop einen Angriff auf die Mauern vortragen, der allerdings abgeschlagen wurde. Die Hussiten brachen daraufhin die Belagerung sofort ab und zogen nach Löbau weiter, das sie ohne Schwierigkeiten in ihren Besitz nahmen und mit 400 Mann besetzten. Sie sogen die Dörfer der Umgegend aus und marschierten anschließend auf Großhennersdorf. Ein Angriff auf Zittau, das mit schweren Geschützen beschossen wurde, scheiterte ebenfalls, sodass Prokop sein Heer nach Böhmen zurück führte.[162]

Bereits zu Pfingsten 1431 erschien Prokop ein weiteres Mal vor Zittau und nahm eine förmliche Belagerung der Stadt auf. Deren Garnison war aber durch Aufgebote der Sechsstädte bedeutend verstärkt worden, sodass die Hussiten keinen Sturm wagten. Daher teilte Prokop sein Heer, schickte einen Teil nach Friedland und entsetzte mit dem anderen die kleine Besatzung Löbaus, die inzwischen durch Lausitzer Aufgebote in arge Bedrängnis geraten war. Anschließend zog diese Abteilung nach Schlesien weiter. Die nach Friedland geschickte Gruppe unter Zapko von Zaan rückte ebenfalls nach Norden und hielt auf Lauban zu. Dessen Bewohner flüchteten sich in ein nahes Franziskanerkloster, welches zunächst jede Aufforderung zur Kapitulation ablehnte. Mehrere Angriffsversuche der Hussiten konnten abgewehrt werden. Doch dann gelang es der hussitischen Artillerie, eine Bresche in die Mauer zu schießen, durch die Zaans Soldaten in das Kloster eindrangen. Die Verteidiger wurden bedingungslos nieder gemacht oder verbrannt.[163]

Da die hussitische Besatzung Löbaus immer wieder Raubzüge in das Umland unternahm, beschlossen die Oberlausitzer im Juli die Stadt zurückzuerobern. Löbau fiel nach einer sechsundzwanzigtägigen Belagerung. Der Vogt Albrecht von Kolditz empfahl in der Folge, „*das man sy auszbrante, Stadmawir, Türme vnd dy Weren zu würffe vnd zu flügei vnd die Graben fülte.*“[164]

Danach ging die größte Bedrohung für den Handel und den Landfrieden von Nicol von Keuschberg, einem hussitischen Parteigänger aus. Er hatte Grafenstein und Hammerstein fest in seiner Hand und die Kirche in Kratzau zu einer regelrechten Festung ausgebaut. Er wagte sogar einen Angriff auf Görlitz. Nach einem unentschiedenen Gefecht mit der Besatzung vor den Toren der

158 *Vgl.: Korschelt: Kriegsdrangsale der Oberlausitz, S. 178-179.*

159 *Vgl.: Korschelt: Kriegsdrangsale der Oberlausitz, S. 178.*

160 *Zit.: CDS II 5, Nr. 179, S. 149 „Wir haben vernommen, dass die verdammten Ketzer ihr Lager im Lande zu Meißen haben sollen. (Daher) bitten wir euch, was ihr von ihren Plänen vernehmt, wo sie sich hinzuziehen und auch wenden und was ihr Vorsatz sei (mitzuteilen).“*

161 *Vgl.: Korschelt: Kriegsdrangsale der Oberlausitz, S. 180-182.*

162 *Vgl.: Korschelt: Kriegsdrangsale der Oberlausitz, S. 182.*

163 *Vgl.: Korschelt: Kriegsdrangsale der Oberlausitz, S. 182-183.*

164 *Zit.: Palacký: Urkundliche Beiträge II, Nr. 795, S. 274 „dass man sie ausbrenne, Stadtmauer, Türme und die Wehren nieder werfe und pflüge und die Gräben fülle.“*

Erstürmung einer hussitischen Wagenburg durch ein lausitzer Aufgebot
(„Geschichte Kaiser Sigismunds“)

Stadt war er jedoch gezwungen, sich zurück zu ziehen. Keuschberg blieb eine permanente Bedrohung. Im Januar 1433 gelang es schließlich den Görlitzern und einigen Lausitzer Adligen, die Keuschberger Truppen nahe Friedland in einen Hinterhalt zu locken und schwer zu schlagen. Diese büßten 60 Tote, 9 Verwundete und 14 Gefangene ein, die später größtenteils in Görlitz hingerichtet wurden. Das siegreiche Aufgebot zog anschließend nach Kratzau weiter und eroberte das Raubritternest.[165]

Im gleichen Jahr wurde Grafenstein durch Ralsko von Wartenberg auf Roll an den Landvogt verraten, der die Burg mit einem Aufgebot aus Görlitz eroberte. Ralsko selbst wurde wenig später von den Zittauern gefangen genommen und hingerichtet, woraufhin die Familie der Stadt blutige Rache schwor. Johann und Sigismund von Wartenberg ließen fortan alle Zittauer, die ihnen bei ihren Raubzügen in die Hände fielen, hinrichten. Sie wagten sogar einen Angriff auf die Zittauer Webervorstadt und brannten sie nieder. 1434 kam es im Rosenthal bei Hirschfeld zu einem Scharmützel zwischen einem Zittauer Aufgebot und den Wartenbergern. Die Städter zogen den Kürzeren und zogen sich zurück. Die Sieger marschierten mit sechs beutebeladenen Wagen in die Heimat. Ab 1434 drangen zwar keine großen Hussitenheere mehr in die Lausitz vor, aber der Parteigängerkrieg der Sechsstädte mit den Wartenbergern und Keuschbergs sollte noch zehn Jahre anhalten.[166]

Der große Hussitenzug von 1429/30

Das dramatische, glanzlose Scheitern des Vierten Kreuzzuges führte den Hussiten die Schwäche des Reiches vor Augen und ließ einen Ausfall aus Böhmen erfolgversprechend wirken. Das Ansehen Prokops des Großen war durch seinen Sieg bei Aussig und die Erfolge von Mies und Tachau so gestiegen, dass er vorübergehend die zerstrittenen hussitischen Gruppierungen vereinen konnte. Und schließlich starb am 4. Januar 1428 mit Friedrich dem Streitbaren einer der gefährlichsten Gegner der Ketzerbewegung.[167]

Ein Vorstoß in den mitteldeutschen Raum erschien zu dieser Zeit militärisch notwendig. Trotz der militärischen Erfolge der Hussiten hatte der fast ausschließlich in Böhmen ausgetragene Krieg das Land ausgezehrt. Bereits im April 1427 berichtete Gottfried von Rodenberg an den deutschen Hochmeister über Lebensmittelteuerungen in Prag: „*Ouch gnediger liber her meister zo saget her John von Wartenberg daz allerley spyse koff czu male tawir sey in Prag sunderlich eynen scheffel salcz mus man kouffen vm eyn schock vnd XX groschen.*“[168] Gerade beim lebensnotwendigen Salz war das Land aber auf Importe angewiesen, da es in Böhmen selbst nicht vorkam.

Ein Vorstoß in das dicht besiedelte Sachsen und die Lausitzen versprach Aussicht auf Beute, vor allem in Form von Lebensmitteln. Bisher waren nur kleine Banden über das Erzgebirge gezogen. Sie waren auf vergleichsweise geringen Widerstand gestoßen und hatten reiche Beute gemacht.[169]

Zumindest in Sachsen wurde spätestens seit der Niederlage bei Aussig ständig mit einem Einfall der Hussiten gerechnet. Im Sommer 1429 erhielt der neue Kurfürst Friedrich II. regelmäßig bedrohliche Nachrichten aus Brüx, das seine Truppen immer noch verteidigten. Doch zunächst richtete sich der Feldzug Prokops gegen die Oberlausitz. Ein großes Heer unter Johann von Koluch und Johann von Wartenberg rückte über das Grenzgebirge vor. Die Hussiten überrannten Oybin, das gründlich geplündert wurde. Wenig später folgte ein weiteres Heer unter Prokop dem Kleinen mit 4.000 Mann zu Fuß, 400 zu Pferd und 130 Kriegswagen. Dieses zog nach Löbau, eroberte die Stadt und verwüstete Ebersbach und Gersdorf. Am Frenzelberg bei Warnsdorf sollen die Hussiten und die Lausitzer sich eine große Schlacht mit 1.000 Opfern geliefert haben. Am 3. Oktober tauchten die Hussiten vor Görlitz auf. Doch die Stadt widerstand ihren Angriffen, sodass nur einige Vororte den Flammen zum Opfer fielen. Die Heere marschierten nun nach Westen, verwüsteten das Bautzener Umland, sowie die Städte Bischofswerda, Pulsnitz und Königsbrück. Das Kloster Marienstern wurde niedergebrannt. Kamenz widersetzte sich fünf Tage lang dem Ansturm des feindlichen Heeres. Als die Belagerer das vermauerte Burgtor aufbrechen konnten, drangen sie in die Stadt ein. Über 1.200 Menschen sollen den anschließenden Plünderungen zum Opfer gefallen sein. Eine andere Heeresabteilung war am 13. Oktober vor Bautzen erschienen, das durch den Landvogt Thimo von Kolditz verteidigt wurde. Am ersten Tag gelang es den Verteidigern noch alle Angriffe abzuwehren. Doch am Folgetag brachen mehrere Brände in Bautzen aus, denen fast ein Viertel der Stadt zum Opfer fiel. Als die Hussiten am dritten Tag der Belagerung auf Leitern, die sie aus den umliegenden Dörfern heran geschafft hatten, die Mauern zu stürmen versuchten, fiel ihr Anführer Molesto tödlich getroffen von zwei Pfeilen. Entmutigt hoben die Hussiten die Belagerung auf. Angeblich hatten sie den Stadtschreiber Peter Prischwitz bestochen, damit dieser das Pulver verdarb und in der Stadt einen Brand legen würde, um die Verteidiger abzulenken. Prischwitz wurde daher am 6. Dezember in einer Kuhhaut durch die Stadt geschleift, ausgeweidet und gevierteilt. Die vier Körperteile wurden anschließend an den Stellen der Stadtmauer aufgehängt, die die Hussiten zu stürmen versucht hatten.[170]

Am 18. Oktober erschien Prokop der Große mit weiteren 5.000 Mann in der Oberlausitz. Der Feldherr hatte sich geschickt an den sächsischen Grenzburgen und –festungen im Osterzgebirge vorbei geschoben. Es gelang den Hussiten Altendresden (die heutige Neustadt) zu überrumpeln. Sie plünderten und brandschatzten den Ort, ließen aber die wesentlich besser befestigte Stadt auf dem Westufer ebenso links liegen, wie später Meißen. Stattdessen marschierten sie auf dem Ostufer der Elbe weit nach Norden (angeblich bis fast nach Magdeburg, was aber heute angezweifelt wird) und plünderten diese Gebiete sorgfältig aus. Anschließend schwenkte der Heerzug nach Osten ab und fiel in die Niederlausitz ein, wo die Hussiten das Kloster Neuzelle und die Stadt Guben verwüsteten. Auf ihrem Rückmarsch über Schlesien erschienen die Hussiten ein weiteres Mal vor Görlitz und forderten die Stadt zur Übergabe auf. Als Antwort steckten die Bürger den Parlamentär in einen Sack und warfen ihn in die Neiße. Prokop ließ zwar die Vorstädte von Görlitz abbrennen, einen

165 Vgl.: KORSCHELT: *Kriegsdrangsale der Oberlausitz*, S. 183.

166 Vgl.: KORSCHELT: *Kriegsdrangsale der Oberlausitz*, S. 183-184.

167 Vgl.: KROCKER: *Sachsen und die Hussitenkriege*, S. 28.

168 Zit.: PALACKÝ: *Urkundliche Beiträge I*, Nr. 434, S. 497 „*Auch gnädiger lieber Herr Meister, so saget Herr Johann von Wartenberg, dass der Kauf von allerlei Speisen von Mal zu Mal teurer wird in Prag, sonderlich einen Scheffel Salz muss man für einen Schock und XX Groschen kaufen.*“

169 Vgl.: KROCKER: *Sachsen und die Hussitenkriege*, S. 28-29.

170 Vgl.: Vgl.: PALACKÝ: *Der Hussitenkrieg 1419-1431*, S. 486-489; KROCKER: *Sachsen und die Hussitenkriege*, S. 29-30; KORSCHELT: *Kriegsdrangsale der Oberlausitz*, S. 179.

Angriff auf die Stadt wagten die Hussiten jedoch auch diesmal nicht. Von hier wendeten sie sich überraschend nach Westen. Erst Mitte November kehrte ihre Armee nach Prag zurück.[171]

Bereits Mitte Dezember zog ein viel stärkeres, auf bis zu 40.000 Mann zu Fuß, 4.000 Reiter und 2.500 Kriegswagen geschätztes hussitisches Heer unter Prokops Führung erneut nach Sachsen. Am 14. Dezember verließ der Feldherr Prag, vier Tage später erreichte er seine Truppen, die sich bei Graupen sammelten und am 20. und 21. Dezember strömten die Hussiten über den Nollendorfer Pass und rückten auf Pirna vor.[172]

Kurfürst Friedrich sandte etliche Bittbriefe an die Reichsfürsten, aber niemand kam ihm zu Hilfe. Mit seinem kleinen Heer – verlässliche Schätzungen fehlen hier leider völlig – zog er sich hinter die Mauern des kleinen Leipzig zurück, wo er sich durch das Abbrennen der Vorstädte auf eine Belagerung vorbereitete. Prokops Armee zog eine Schneise der Verwüstung durch Westsachsen.[173] Jetzt erst sammelten sich die Aufgebote des Reiches, doch von den großen Fürsten sagte nur der Kurfürst von Brandenburg seine Unterstützung zu. Der junge Markgraf Johann führte diese Armee, wohl zwischen 10.000 und 20.000 Mann stark, nach Oschatz, während das sächsische Heer sich zwischen Grimma und Leipzig aufstellte.[174]

Doch die Hussiten schlugen zu, bevor sich beide Heere vereinigen konnten. Am 29. Dezember nahmen sie Oschatz ein und brannten die Stadt nieder. Markgraf Johann wich auf Leipzig zurück. Strehla, Torgau, Riesa und Belgern wurden alle über den Jahreswechsel von den Böhmen genommen und anschließend gebrandschatzt. Dann rückten sie auf Wurzen vor, verbrannten die Stadt und zogen die Mulde hinauf um den Fluss, vermutlich bei Nerchau, am 6. Januar 1430 zu überschreiten. Die sächsische Armee scheint ihnen hier keinen Widerstand entgegengesetzt zu haben. Schließlich zogen die Hussiten in Richtung Leipzig. Sie plünderten die umliegenden Dörfer, ließen die Handelsstadt jedoch in Ruhe, vermutlich weil sie sich nicht auf eine Belagerung der hier gesammelten sächsisch-deutschen Armee einlassen wollten. Eine Schlacht zu suchen war nicht ihr Ziel auf diesem Feldzug.[175]

Vor Leipzig teilten sie ihr Heer in fünf Kolonnen und marschierten auf breiter Front nach Süden. Am 12. Januar nahm einer dieser Haufen Altenburg, raubte die Stadt aus, scheiterte aber mit dem Versuch, das befestigte Schloss einzunehmen.[176]

Am 25. Januar erstürmten die Hussiten Plauen in einer *„schlacht, so die behemen alhier aufn schloß geistlich und weltlich, edel und unedel, buerger und pawern und samt viel redlicher leut erschlagen und alles zerstort und geplundert.“*[177] In der kleinen Stadt, die 1388 noch 3.400 Einwohner zählte, wurden je nach Schätzung 500 bis 1.000 Menschen getötet und etlichen Hände oder Füße abgehackt.[178]

Vom Vogtland aus zog das Heer parallel zu den böhmisch-deutschen Grenzgebirgen ins Fränkische und fiel über die dortigen Besitzungen der Hohenzollern her. Hof wurde im Vorbeimarsch genommen und gebrandschatzt. Kulmbach und Bayreuth fielen in ihre Hände. Nur gut befestigte Burgen, die ihnen hartnäckig Widerstand leisteten, blieben verschont. Die Hussiten waren auf schnelle Beute aus und mieden in diesem Feldzug den harten Kampf. Nun war es Kurfürst Friedrich von Brandenburg, der die Reichsstände um Beistand bei der Verteidigung seiner Erblande bat, auch er wurde im Wesentlichen ignoriert. Nürnberg drohte dem Sturm als nächstes zum Opfer zu fallen. Da entschloss sich der Hohenzoller durch eine beträchtliche Tributzahlung von der Gefahr loszukaufen. Bamberg und Forchheim stellten dafür 12.000 Taler zur Verfügung, ebenso Nürnberg, Kurfürst Friedrich 9.000 und Johann von Bayern 8.000. Am 11. Februar fanden sich der Kurfürst und Prokop mit den wichtigsten hussitischen Hauptleuten auf Burg Böheimstein ein und unterzeichneten einen Vertrag, demzufolge die Hussiten nach Zahlung der Kontribution in ihre Heimat zurückkehren sollten. Es war der erste Vertrag, indem die ketzerischen Böhmen als gleichberechtigte Verhandlungspartner wahrgenommen wurden. Durch ihre Unterschriften treten auch die Hauptleute der fünf großen Heeressäulen hervor: Jakob Kromesin von Brezovic befehligte das Feldheer der Taboriten, Andreas Keřský von Řimovic das Alte Tabor, Jiří von Řečici das Heer der Waisen, Sigmund Manda von Kotenčic das Aufgebot der Prager und Jan Královec von Hrádek das der übrigen böhmischen Städte. Mitte Februar kehrten die Hussiten schließlich über das Fichtelgebirge und den Böhmer Wald wieder in ihre Heimat zurück. Am 21. Februar zog das Heer mit hunderten Wagen voller Beute in Prag ein.[179]

Zuvor löste die Nachricht vom Anrücken der Ketzer jedoch Unruhen auf dem Stiftsgebiet von Bamberg aus. Ein Chronist berichtet: *„do kamen bei 300 küner buben zusamen, stiessen das rathaus vnd ander hewser auff, vnd die frauenkloster, namen was In gefiel, mit grosser vnzucht, des war kein hülf oder trost.“*[180] In Franken sympathisierten bereits seit 1418 die waldensischen Gemeinden sehr stark mit den böhmischen Ketzern. Allerdings kann in der Plünderung Bambergs kein mittelalterlicher Volksaufstand gesehen werden, wie es die marxistische Publizistik gern tat. Auf die Nachricht von der Annäherung der Hussiten hatte der Großteil der Bevölkerung die Stadt verlassen. Die wenigen in Bamberg verbliebenen Menschen gehörten fast ausnahmslos den sozial niederen Schichten an und nutzten schlicht und einfach die Gelegenheit, sich in den verlassen Bürger- und Ratshäusern zu bereichern.[181]

---

171 Vgl.: Krocker: Sachsen und die Hussitenkriege, S. 29-30; Korschelt: Kriegsdrangsale der Oberlausitz, S. 179-180.

172 Vgl.: Vgl.: Palacký: Der Hussitenkrieg 1419-1431, S. 489-490; Krocker: Sachsen und die Hussitenkriege, S. 30-31; Bezold: Sigismund und die Reichskriege III, S. 28-29.

173 Vgl.: Krocker: Sachsen und die Hussitenkriege, S. 31-32; Gundram: Döbeln und die Hussiten, S. 8-9.

174 Vgl.: Krocker: Sachsen und die Hussitenkriege, S. 32-33; Gundram: Döbeln und die Hussiten, S. 9-10; Krzenck: Hussitenkriege, S. 67.

175 Vgl.: Vgl.: Palacký: Der Hussitenkrieg 1419-1431, S. 490-491; Krocker: Sachsen und die Hussitenkriege, S. 33-34; Gundram: Döbeln und die Hussiten, S. 10; Krzenck: Hussitenkriege, S. 67-68.

176 Vgl.: Krocker: Sachsen und die Hussitenkriege, S. 34; Gundram: Döbeln und die Hussiten, S. 10-13.

177 Zit.: Grintzer: Zerstörung der Stadt Plauen, S. 142 „Schlacht, so die Böhmen hier auf dem Schloss Geistliche und Weltliche, edle und Unedle, Bürge rund Bauern mitsamt vielen redlichen Leuten erschlagen und alles zerstört und geplündert (haben)“

178 Vgl.: Grintzer: Zerstörung der Stadt Plauen, S. 143-144; Krocker: Sachsen und die Hussitenkriege, S. 34.

179 Vgl.: Palacký: Der Hussitenkrieg 1419-1431, S. 491-496; Krocker: Sachsen und die Hussitenkriege, S. 34-35; Machilek: Hussiten in Franken, S. 28-30; Bezold: Sigismund und die Reichskriege III, S. 32-35.

180 Zit.: Palacký: Urkundliche Beiträge II, Nr. 644, S. 104 „da kamen an die 300 kühne Buben zusammen, stießen das Rathaus und andere Häuser auf, und das Frauenkloster, nahmen, was ihnen gefiel, mit großer Unzucht, da war keine Hilfe oder Trost.“

181 Vgl.: Machilek: Hussiten in Franken, S. 27-28.

Die Reise in die Mark Brandenburg 1432

Im Februar 1432 einigten sich die zerstrittenen hussitischen Parteien auf einem Landtag in Prag, eine große Heerfahrt nach Brandenburg zu unternehmen. Vermutlich trachteten sie danach, den brandenburgischen Kurfürsten wirtschaftlich zu schädigen. Friedrich I. hatte die Heere des Reiches auf drei Kreuzzügen nach Böhmen geführt, zuletzt 1431. Möglicherweise führten die Hussiten zu diesem Zeitpunkt bereits Friedensverhandlungen mit Kursachsen und hofften, durch einen erfolgreichen Vorstoß in die Mark auch Brandenburg zum Ausscheren aus dem Bündnis mit Sigismund zu bewegen. Daneben versprach ein Zug in bisher vom Krieg unversehrte Gebiete Aussicht auf reiche Beute.[182]

Im März begann die Reise mit zwei Armeen. Ein etwa 5.000 Mann starkes Heer der Taboriten unter Otík von Loza marschierte über das Isergebirge zum nordböhmischen Friedland. Die Stadt wurde geplündert und niedergebrannt. Anschließend drang das Heer in Niederschlesien ein und besetzte Bunzlau und Freyburg. Hier teilten sich die Taboriten auf. Eine Abteilung rückte auf das niederlausitzische Guben vor, die andere schwenkte nach Süden ab und marschierte auf Görlitz, wo es die Ankunft des Heeres der Waisen erwartete.[183]

Dieses Heer unter Jan Capek sammelte sich im Osten Böhmens und marschierte erst in der zweiten Märzhälfte in zwei Kolonnen nach Norden. Eine Gruppe zog direkt der Taboritenabteilung vor Görlitz entgegen, die andere folgte Lozas Marschweg durch Schlesien und vereinte sich am 6. April vor Guben mit dessen Heer. Kurz darauf traf auch das aus Görlitz heran nahende Heer vor der Stadt ein, sodass die Hussiten hier eine Streitmacht von knapp 10.000 Soldaten vereinigen konnten. Angesichts dieser überwältigenden Übermacht öffnete der Rat der Stadt freiwillig seine Tore und erklärte sich zur Zahlung einer hohen Kontribution bereit.[184]

Von Guben aus unternahmen die Hussiten Mitte April mit kleineren Abteilungen Vorstöße in die Mark. Eine Gruppe stieß bis nach Seelow vor und plünderte das Land. Doch auf ihrem Rückmarsch wurden die Böhmen bei Müllrose von einem Aufgebot der Stadt Frankfurt angegriffen und aufgerieben. Die Böhmen verloren dabei etwa 300 bis 400 Mann. Der Rat der Stadt schrieb über das Gefecht an den Rat von Görlitz: *„Thun wir euch wissen, das wir mit der Hülffe Gotis der Ketzir na by 400. Tot geslagin und vorbrant haben zur Melrosen im Stetchin. Dorzu unser G. H. den nehsten dinstag (15. April) vorgangin in ouch mehr denn 40. Pferd vnd gefangin haben."*[185] Daher brach die Hauptarmee am 13. April ihr Lager bei Guben ab und zog auf Frankfurt. Aber die Stadt war gut befestigt und widerstand ihren Sturmversuchen. Die Hussiten scheuten eine langwierige Belagerung, plünderten die Vorstädte, brannten sie nieder und rückten schließlich nach Westen ab. In den nächsten Tagen verwüsteten sie in mehreren Gruppen das Land zwischen Oder und Spree, griffen Fürstenwalde und Altlandsberg an. Sie stürmten Müncheberg, Buckow und Straßberg und brannten diese Städte nahezu vollständig nieder. Die nördlichsten Abteilungen der Hussiten drangen bis Gersdorf nahe Eberswalde vor. Hier sammelte der Sohn des Kurfürsten, Markgraf Johann, das brandenburgische Heer. Allerdings benötigte er dafür Zeit, die ihm die Hussiten nicht ließen. Brandenburg war daher auf die Wehrhaftigkeit seiner Städte angewiesen.[186]

Am Abend des 22. April erschienen die Hussiten vor Bernau. Es ist nicht sicher, ob es sich um das ganze Heer, oder nur eine verstärkte Abteilung handelte. Allerdings waren die Hussiten bei ihren Heerfahrten stets darauf aus, Gebiete weitläufig auszusaugen und nicht Städte dauerhaft zu besetzen. Von daher erscheint eine vollständige Konzentration auf eine Stadt unwahrscheinlich. Bernau war eine exzellent befestigte Stadt mit bis zu acht Meter hohen Mauern und 42 Türmen. Am 23. April versuchten die Hussiten die Stadt zu stürmen. Die wehrhafte Bevölkerung verteidigte sich mit allen Mitteln und kippte Treiber, ein zähflüssiges Abfallprodukt, das beim Bierbrauen entsteht, von den Mauern. Schließlich konnten sie den Angriff abwehren. Die Hussiten zogen sich in ihr Lager zurück, leckten ihre Wunden und brachen die Belagerung am nächsten Tag ab. Auf ihrem Rückzug wurden sie von einem Bernauer Aufgebot belauert, das noch eine Reihe von Nachzüglern überfiel. Zu einer großangelegten Schlacht kam es jedoch nicht mehr.[187]

Anschließend zogen sich die Taboriten und Waisen geordnet aus der Mark zurück. Bei Guben trennten sich beide Heere. Die Taboriten zogen sich durch die Lausitzen nach Böhmen zurück, während die Waisen den Weg über Schlesien einschlugen. Anfang Mai kehrten beide Heere in die Heimat zurück.[188]

Hussiten in Polen

Das Großkönigreich Polen-Litauen nahm den Hussiten gegenüber zunächst eine abwartende, teilweise sogar schützende Haltung ein. Der Grund hierfür lag auf der Hand: König Wladislaw Jagiello war im heidnischen Kulturkreis Litauens aufgewachsen. Sein Übertritt zum christlichen Glauben hatte politische Gründe, zum einen seine Heirat mit der polnischen Königstochter Hedwig, zum anderen wollte er dem Deutschen Ordensstaat, der von Polen-Litauen eingeschlossen war, die auf der Heidenmission basierende Existenzberechtigung entziehen. Er war also kein im Christentum gefestigter Mann. Zum anderen war ihm das Haus Luxemburg ein Dorn im Auge, denn Sigismund herrschte sowohl über Ungarn und Böhmen als auch das Reich. Die hussitische Revolution stellte daher eine willkommene Schwächung des Konkurrenten dar. Nach Polen ziehende Hussiten wurden in dem Königreich nicht verfolgt und so schrieb Sigismund am 28. Februar 1421 verärgert an Friedrich I. von Brandenburg: *„So nympt ouch der kunig von Polan vnd Witold seyn vetter auf die ketzer von Prag vnd ire beyleger, vnd als die gemeyn red ist, der Witold meynet in hulffe zu tun vnd sich myt macht wider vns zusetzen, vnd in beylegen, wider got vnd christen glawben, vnd vns als eynnen kunig der cronn Behem zudrucken, vnd vns, als verre als das an im were, des wir gott nicht getrawen, sunder gantze hoffnung in got setzen, der nyderzulegen, der ganczen kristenheit zu schande vnd schaden: vnd ist wol versechlich, das der kunig von Polan seynen bruder nicht verlassen wurde."*[189]

---

182 *Vgl.: Tresp: Hussiten vor Bernau, S. 144; Jecht: Zug der Hussiten nach der Mark, S. 31-32.*

183 *Vgl.: Tresp: Hussiten vor Bernau, S. 144; Jecht: Zug der Hussiten nach der Mark, S. 32-34.*

184 *Vgl.: Tresp: Hussiten vor Bernau, S. 144; Jecht: Zug der Hussiten nach der Mark, S. 35-39.*

185 *Zit.: Palacký: Urkundliche Beiträge II, Nr. 799, S. 279.*

186 *Vgl.: Tresp: Hussiten vor Bernau, S. 144-145; Jecht: Zug der Hussiten nach der Mark, S. 40-43.*

187 *Vgl.: Tresp: Hussiten vor Bernau, S. 145; Jecht: Zug der Hussiten nach der Mark, S. 42-46.*

188 *Vgl.: Tresp: Hussiten vor Bernau, S. 145; Jecht: Zug der Hussiten nach der Mark, S. 45-47.*

189 *Zit.: Palacký: Urkundliche Beiträge I, Nr. 66, S. 65 „So nimmt auch der König von Polen und Witold sein Vetter die Ketzer aus*

Vorherige Doppelseite:
Bei ihren Heerfahrten überfielen die Hussiten bevorzugt kleine Städte, die sich nicht ausreichend verteidigen konnten. Mehrfach kam es vor, dass die Bürgerschaft solcher Städte sich in den ummauerten Kirchhof zurückzog und dort Widerstand leistete, wie auf dieser Abbildung dargestellt.

Diese Darstellung aus der *„Geschichte Kaiser Sigismunds“* zeigt den hussitischen Angriff auf die Stadt Bernau.

1421 sandte Sigismund ein Schreiben an den Hochmeister des Deutschen Ordens. Darin forderte er ihn auf, den König von Polen anzugreifen *„were es der Sache, das der kunig von Polan und Herzog Wytold den Keczern zulegen und helfen wollten.“* [190]

Erst mit wachsendem Druck seitens Sigismunds und auch des Papstes verschärfte sich die Haltung Wladislaws gegen die Hussiten. Daher erließ er am 1. April 1424 ein Edikt gegen die Hussiten im eigenen Land und forderte alle Polen, die mit Sigismund Korybut nach Böhmen gezogen waren, zur Rückkehr auf, andernfalls wolle er sie als Ketzer ansehen.[191] In diesem Jahr distanzierte sich der König zusehends von Korybut und erklärte, dass er ein Heer gegen die Hussiten aufstellen wolle, wofür es ihm allerdings an Geld mangelte.

Prag und ihre Begleiter auf, und wie allgemein die Rede ist, will der Witold ihnen Hilfe leisten und sich mit Macht wider uns ziehen, und ihn begleiten, wider Gott und der Christen Glauben, und uns als ein König der Böhmischen Krone abzulösen, und uns, als wäre das an ihm, das wir Gott nicht trauen, sondern (unsere) ganze Hoffnung in Gott setzen, niederzulegen der ganzen Christenheit zur Schande und zum Schaden: und ist wohl absehbar, dass der König von Polen seinen Bruder nicht verlassen wird.“

190 *Zit.: Palacký: Urkundliche Beiträge I, Nr. 146, S. 156 „wenn es soweit wäre, dass der König von Polen und Herzog Witold den Ketzern beistehen und helfen wollten.“*

191 *Vgl.: Palacký: Urkundliche Beiträge I, Nr. 288, S. 331-333; Nr. 290, S. 333-334; Šmahel: Hussitische Revolution III, S. 1936-1937.*

1430 starb der litauische Großfürst Witold. Schon seit längerem waren im vereinten polnisch-litauischen Königreich Spannungen zwischen beiden Volksgruppen aufgetreten, die sich nun zaghaft entluden. Es gab verschiedene Prätendenten auf den litauischen Thron. Einer davon war Sigismund Korybut. Der greise König Wladislaw berief im März eine Ständezusammenkunft in Krakau ein, auf der auch die Glaubensfrage diskutiert werden sollte, denn wenn sich die Partei Korybuts tatsächlich durchsetzen sollte, drohte das Hussitentum auch in Polen Fuß zu fassen.[192]

Bedingt durch die militärische Zusammenarbeit der Hussiten und der Polen 1433 gegen den Deutschen Orden und 1438 in Böhmen selbst, entstanden allerdings auch enge persönliche Kontakte des niederen böhmischen und polnischen Adels, sodass sich ein gemäßigter Utraquismus in Polen ausbreitete. Nachdem die Hussitenkriege in Böhmen bereits abflauten, konnten sich die Brüder in Polen noch vergleichsweise lang halten. Doch nach der gescheiterten Kandidatur eines polnischen Magnaten für die böhmische Krone, versuchte der Bischof von Krakau, Zbygniew Olesnicki eine Konföderation im Kampf gegen den utraquistischen Adel zu bilden. Am 4. Mai 1439 wurde ein Heer polnischer Hussiten unter Spytko von Melsztyn bei Grotniki durch die Konföderierten vernichtend geschlagen und die Bewegung in Polen somit durch einen Schlag entscheidend geschwächt. Spytko von Melsztyn fiel in der Schlacht.[193]

Die großen Heerfahrten des Jahres 1433

Bereits während des großen Hussitenzuges 1429/30 nach Mitteldeutschland hatte der Hochmeister des Deutschen Ordens seine Komture darüber informiert, dass die Hussiten *„och vnser lande wellen obirczihn vnd beschedigen"*.[194] Die Gerüchte waren nicht ganz aus der Luft gegriffen, den der Komtur von Kalau hatte einen Brief seines Vetters erhalten, der ihn ausführlich über den Zug durch die Markgrafschaft Meißen in Kenntnis setzte und damit schloss: *„Auch haben gefangen vnd andere zum Hoffe vnd andern enden gerett das sye ye vermainen auch auff euch In das prewsszen landt zu zcihen, do wist Ir euch wol nach zu richten, vernemt Ir ein sulchs das sie sulchen reden vnd drawen nach volgen wollten, so sie den ewern Orden getan haben, so mucht Ir wol mit dem Hoemeister regen von meinen wegen."*[195] Die Hussiten zogen nach Westen, aber als im März das Feldherr der Taboriten in Schlesien einfiel, kamen dem Hochmeister erneut Gerüchte über einen möglichen Zug nach Polen zu Ohren.[196]

Doch erst 1433 begannen die Hussiten ihre größte Heerfahrt. Am 22. März setzte sich das taboritische Heer unter Jan Pardus von Hrádek in Marsch. Die Hussiten marschierten durch Schlesien, wo sie aus ihren Besatzungen weitere 3.000 bis 4.000 Mann an sich zogen. Ende März lagerten sie in der Nähe von Rybnik und ergänzten ihre Vorräte. Von dort marschierten sie auf Pleß (Pszczyna), wo am 10. April Boten des polnischen Königs bei ihnen eintrafen. Zwar konnte Wladislaw die Hussiten nicht überzeugen, sich an seinem Krieg gegen den Orden zu beteiligen, doch da sie ihren Zug jetzt nach Galizien lenkten, durfte er sicher sein, dass Sigismund ihm von dort aus nicht in den Rücken fallen würde, wenn er den Ordensstaat angriff. Weil er den Hussiten nun auch freies Durchmarschrecht durch sein Königreich gewährte, gelang es ihm, ihre politische Unterstützung für Swidrygello, der immer noch um die Nachfolge Witolds kämpfte, zu brechen. Ende Mai verwüstete Pardus Heer Galizien und legte dabei in drei Wochen die enorme Entfernung von 1.300 Kilometern zurück.[197]

Dagegen zog ein orebitsches Heer und eine Abteilung der Königgrätzer Waisen unter der kollektiven Führung Jan Čapeks Ende April in zwei Marschkolonnen in das zum Orden gehörende Preußisch-Pommern und in die Neumark. Bei Frankfurt an der Oder mussten die Hussiten jedoch einen ersten Rückschlag hinnehmen. Ein Versuch, den Fluss zu überqueren, wurde von einem Lausitzer Aufgebot abgewehrt. Die Hussiten zogen sich nach Guben und dann bis Glogau zurück, wo sie auf das rechte Oderufer übersetzten und ihr Heer durch lokale Aufgebote verstärkten, bis es 700 Berittene, 350 Kriegswagen und 5.000 bis 7.000 Mann Fußtruppen umfasste. Nun erfolgte ein rascher Vormarsch durch Großpolen in die Neumark, wo sie Mitte Juni Friedeberg (Strzelce Krajeńskie) besetzten. Bei der anschließenden Plünderung der Stadt wurden drei Geistliche, darunter ein Flüchtling aus Böhmen, in mit Pech bestrichene Fässer gesteckt und verbrannt.[198]

Die Hussiten setzten ihren Vormarsch fort. Nach ihrer Stärkedemonstration vor Friedeberg, öffneten ihnen nun viele Städte freiwillig die Tore und entrichteten Kontributionen. Diese beschränkten sich meist auf Geld und Lebensmittel, da dem Heer für sperriges Beutegut die Transportkapazitäten fehlten. Der Vogt der Neumarkt bat den Hochmeister nun dringend um eine Verstärkung seiner zahlenmäßig schwachen Streitkräfte. Der Komtur von Elbing versuchte in aller Eile ein Heer zu rüsten, doch inzwischen drangen die Hussiten unaufhaltsam vorwärts, nahmen Woldenberg (Dobiegnew), Landsberg und Soldin (Myślibórz). Kein hussitischer Feldzug hatte eine solch starke außenpolitische Komponente, wie dieser. Denn inzwischen hatte sich auch ein polnisches Heer den Böhmen angeschlossen. Der Zug ins Ordensland diente vor allem den Interessen des polnischen Königs, der hier seinen Krieg gegen die Deutschritter fortsetzte.[199]

Seit ihrer Niederlage bei Tannenberg und dem anschließenden Thorner Frieden mussten die Brüder mit ansehen, wie ihre Macht an den Ostseeküsten schrumpfte. Es fehlte an Geld, um Söldner zur Abwehr der hussitisch-polnischen Bedrohung anwerben zu können. Aus allen Komtureien wurde der Hochmeister mit Klagen überhäuft. Derweil stießen die Hussiten auf Konitz (Chojnice) und Tuchel (Tuchola) vor. Konitz war nur eine kleine Burg, wurde jedoch von dem energischen Komtur Erasmus Fischborn hartnäckig verteidigt. Unter Anstrengung aller Kräfte setzte er seine Festung in den Verteidigungszustand.

192 *Vgl.: Palacký: Der Hussitenkrieg 1419-1431, S. 509-514,*

193 *Vgl.: Šmahel: Hussitische Revolution III, S. 1942-1944 „auch unsere Länder überziehen und beschädigen wollen."*

194 *Zit.: Palacký: Urkundliche Beiträge II, Nr. 618, S. 72.*

195 *Zit.: Palacký: Urkundliche Beiträge II, Nr. 665, S. 129 „Auch haben Gefangene und andere am Hof und aus anderen Enden (des Landes) geredet, dass sie vermeinen, sie werden auch zu euch in das Preußenland ziehen, da wisst Ihr euch wohl danach zu richten, vernehmt Ihr ein solches, dass sie solchen Reden und Drohungen nach folgen wollten, die sie gegenüber Euren Orden getan haben, so müsst Ihr wohl meinetwegen mit dem Hochmeister reden."*

196 *Vgl.: Palacký: Urkundliche Beiträge II, Nr. 670, S. 137 ist ein Schreiben Herzog Konrad von Oels an den Hochmeister, der ihn über den Hussitenzug in Kenntnis setzt.*

197 *Vgl.: Šmahel: Hussitische Revolution III, S. 1575-1576.*

198 *Vgl.: Šmahel: Hussitische Revolution III, S. 1578-1579; Korowski: Die Marienburg, S. 273.*

199 *Vgl.: Šmahel: Hussitische Revolution III, S. 1579; Zimmerling: Der deutsche Ritterorden, S. 273-274; Korowski: Die Marienburg, S. 273.*

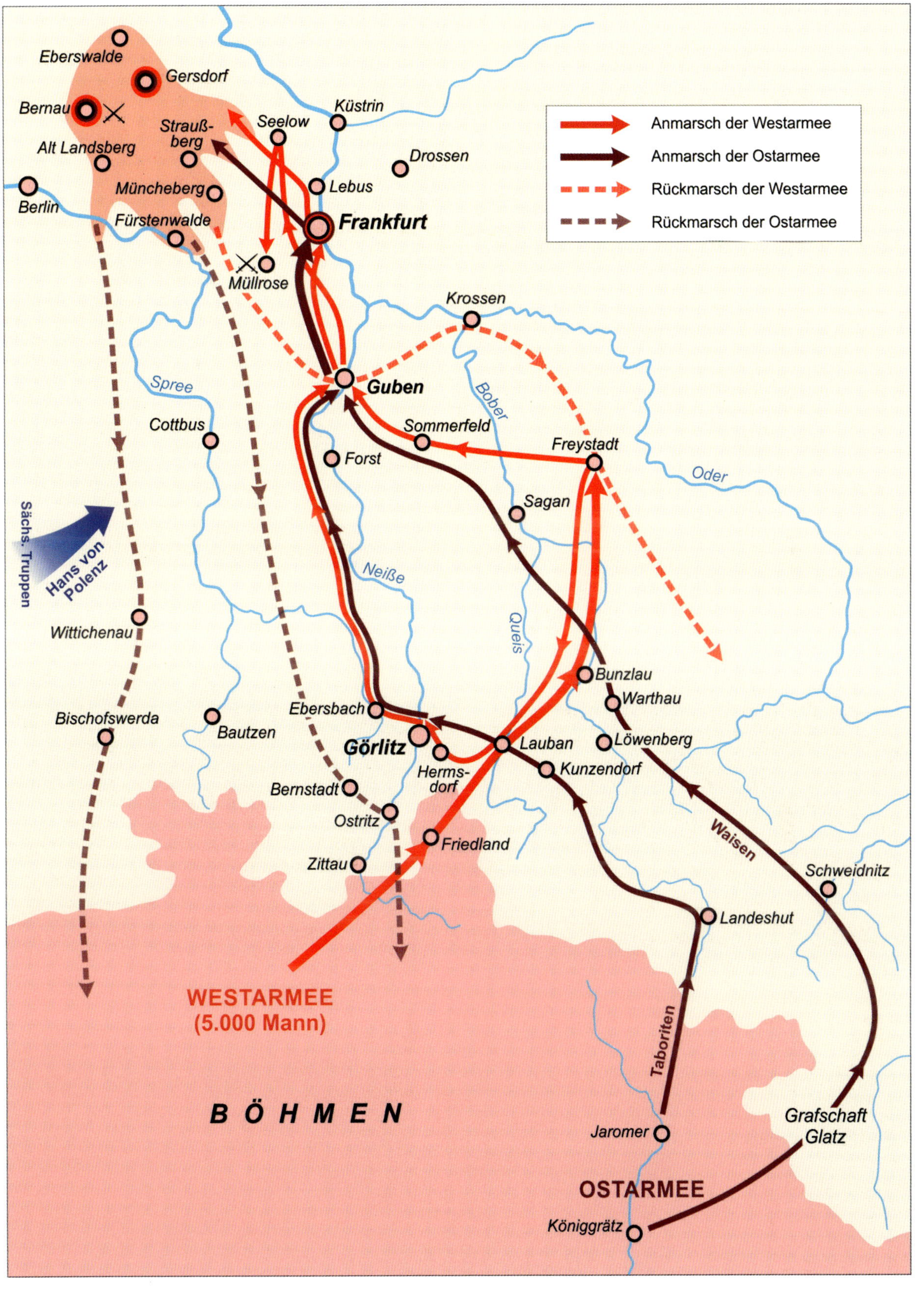

Anmarsch der Westarmee
Anmarsch der Ostarmee
Rückmarsch der Westarmee
Rückmarsch der Ostarmee
Eberswalde
Gersdorf
Bernau
Alt Landsberg
Strauß-berg
Seelow
Küstrin
Drossen
Berlin
Müncheberg
Lebus
Fürstenwalde
Frankfurt
Müllrose
Krossen
Spree
Guben
Bober
Sommerfeld
Cottbus
Forst
Freystadt
Oder
Sagan
Sächs. Truppen
Hans von Polenz
Neiße
Queis
Wittichenau
Bunzlau
Warthau
Ebersbach
Bischofswerda
Bautzen
Görlitz
Lauban
Löwenberg
Herms-dorf
Kunzendorf
Bernstadt
Ostritz
Waisen
Friedland
Zittau
Schweidnitz
Landeshut
WESTARMEE
(5.000 Mann)
Taboriten
BÖHMEN
Jaromer
Grafschaft Glatz
OSTARMEE
Königgrätz

Aussichten auf Entsatz bestanden für die Ritter kaum. Die meisten Städte im Kulmer Land verweigerten dem Hochmeister ihre Pflicht zur Heerfolge. Doch Konitz erwies sich für die Hussiten als zu harte Nuss. Sechs Wochen lagen sie und ihre polnischen Verbündeten vor der Festung. Čapek drängte den polnischen Befehlshaber Johann von Michalów weiterzuziehen. Aber die Polen wollten die Burg unbedingt nehmen. Am 22. Juli befahl Michalów seinen Truppen den Sturm. Doch da die Artillerie noch keine Bresche in die dicken Ziegelmauern hatte schießen können, scheiterte der Angriff. Eine hussitische Abteilung hatte bereits versucht, die Festungsmauer zu unterminieren. Allerdings stürzte der Tunnel vorher ein. Wasser aus einem nahen Fischteich drang in den Stollen, sodass etliche der Schanzgräber ums Leben kamen. Vier Hussiten wurden von den Belagerten gerettet. Die Ordensritter ließen ihre Peiniger baden und setzten sie auf freien Fuß. Aus Dank entließ Čapek hundert Ordenssöldner aus der Gefangenschaft und schickte dem Komtur auch die Kleidung zurück, die er den vier Männern hatte leihen lassen. Schließlich hatte das Belagerungsheer jedoch zunehmend Schwierigkeiten, sich zu versorgen. Am 18. August brach das Heer der Waisen aus dem Lager auf und zog nach Dirschau (Tczew) weiter. Bald darauf folgten die Polen.[200]

Dirschau war auf einen Angriff viel schlechter vorbereitet. Da die Bürger sich weigerten, die längst über die Stadtmauer hinaus gewucherten Häuser der Vororte abzureißen, zündeten die Hussiten sie an. Der Wind trieb die Funken in die Stadt und entfachte dort einen schweren Brand. Dirschau brannte fast vollständig nieder. Als die Stadt den Belagerern ihre Tore öffnete, richteten die Böhmen ein Blutbad unter der Einwohnerschaft an. Die Polen sahen tatenlos zu, lieferten angeblich sogar ihre Gefangenen an die Hussiten aus. Böhmische Exilanten wurden auf dem Scheiterhaufen verbrannt. Als die Gräueltaten überhandnahmen, gebot der Kastellan von Krakau dem Treiben schließlich mit Waffengewalt einhalt.[201]

Anschließend zog das Heer nach Danzig weiter, doch dessen Mauern erwiesen sich, wie die von Konitz, als zu stark. Die Bürgerschaft hatte zwar dem Hochmeister die Heerfolge verweigert, dennoch war das städtische Aufgebot stark. Vier Tage lang rannten die Hussiten gegen die Stadt an, und wurden stets blutig abgewiesen. Schließlich ließen sie auch von diesem lohnenden Ziel ab.[202]

Stattdessen plünderten die Böhmen das nahe liegende Kloster Oliva (Oliwa) und zogen durch das Mündungsgebiet der Weichsel bis an die Strände der Ostsee. Hier versammelt der Oberste Hauptmann Čapek seine Heerscharen und verkündet stolz, dass er sie ans Ende der Welt geführt habe. Nur das Meer habe die Hussiten in die Schranken weisen können. 200 polnische Edelleute wurden am Strand zu Rittern geschlagen, auch Čapek. Etliche Hussiten füllten ihre Feldflaschen mit dem salzigen Meerwasser, das sie als Trophäe in die Heimat zurück führen wollten.[203]

Auf ihrem Rückweg verheerten die Hussiten weiterhin das Land. Wladislaw Jagiello hatte erreicht, was er wollte. Am 13. September 1433 wurde im polnischen Lager nahe Jeßnitz ein Vorfriede geschlossen, der zunächst bis Weihnachten galt. Nur der Tod des Königs am 30. Mai verzögerte die weiteren Verhandlungen, die schließlich am Neujahrstag 1435 im ewigen Frieden von Brzesk mündeten. Zu diesem Zeitpunkt hatten die Hussiten das Ordensland allerdings längst wieder verlassen.[204] Der Zug an die Ostsee sollte die letzte der „Herrlichen Heerfahrten“ darstellen. Inzwischen hatte sich die politische Lage drastisch geändert. Die Zeit der radikal gesinnten Feldheere neigte sich ihrem Ende zu.

Der Fünfte Hussitenkreuzzug

Ende April 1430 zog Velek von Breznice, ein Hauptmann der Waisen mit einem etwa 10.000 Mann starken Aufgebot der Prager Neustadt und der Waisen in die westliche Slowakei. Der hussitische Vormarsch gestaltete sich anfangs recht günstig, bis die Böhmen am 23. April auf die geballte ungarische Armee unter Sigismunds eigenem Kommando stießen. Der König leitete die Verteidigung seines Landes von der Burg Schintau (Šintava, heute Slowakei) aus, während seine Heerführer die Hussiten in eine sumpfige Landschaft bei Tyrnau (Trnava, heute Slowakei) lockten. Am 28. April griffen sie die Böhmen an. Unter der Führung des Heerführers Stibor von Stiborze drangen sie in die feindliche Wagenburg ein. Velek fiel im anschließenden Kampf. Dennoch gelang es den Hussiten, die Ungarn aus ihren Stellungen hinaus zu drängen und sich im Schutze der heraufziehenden Dunkelheit zurückzuziehen. Dabei half ihnen der Umstand, dass Stibors Stellvertreter János Maróti, der sich erst verspätete und dann die Schlacht bereits für verloren hielt, sich mit seinen Rittern zurückzog und ihnen den Fluchtweg öffnete. Die Schätzungen, wonach 6.000 ungarische Krieger bei der Schlacht gefallen sein sollen, scheinen jedoch übertrieben.[205]

Prokop der Große operierte mit einem weiteren Heer in Mähren. Hier blockierten die Hussiten die Stadt Brünn und konnten das Schloss Sternberg (Šternberk) erobern.[206]

Besonders in Sachsen war die Furcht vor einer Rückkehr der Hussiten groß. Leipzig ließ im Sommer 1430 seine Wälle ausbessern. Doch die böhmischen Ketzer sollten keinen weiteren großen Vorstoß nach Mitteldeutschland wagen. Dafür gelang es Sigismund, wenn auch mit Mühe, 1431 einen neuen Kreuzzug auf die Beine zu stellen. Diesmal sollten die Reichsfürsten neben den üblichen Reiteraufgeboten auch größere Mengen von Wagen, Geschützen und Fleglern nach hussitischem Vorbild ins Feld stellen. Das Unternehmen widerspiegelte jedoch in beängstigender Weise den Feldzug von 1428. Erneut zog ein deutsches Heer nach Tachau und von hier vor die kleine Stadt Taus (Domažlice)[207]

Als Prokop seine Armee, die verschiedenen Angaben nach 40.000-50.000 Mann und 5.000 Wagen zählte, gesammelt hatte, zog er den Kreuzrittern entgegen. Diese lagerten auf den Höhen rings um die Stadt. Die Hussiten zogen ihnen am 14. August in geschlossener Ordnung entgegen. Als sich Prokops Heer den Kreuzfahrer näherte, befahl Friedrich von

200 *Vgl.: Šmahel: Hussitische Revolution III, S. 1580-1581; Zimmerling: Der deutsche Ritterorden, S. 274.*

201 *Vgl.: Šmahel: Hussitische Revolution III, S. 1581; Zimmerling: Der deutsche Ritterorden, S. 274-275; Korowski: Die Marienburg, S. 273-274.*

202 *Vgl.: Korowski: Die Marienburg, S. 274.*

203 *Vgl.: Šmahel: Hussitische Revolution III, S. 1581-1582; Zimmerling: Der deutsche Ritterorden, S. 275.*

204 *Vgl.: Šmahel: Hussitische Revolution III, S. 1582; Korowski: Die Marienburg, S. 274-275.*

205 *Vgl.: Šmahel: Hussitische Revolution II, S. 1490-1491; Palacký: Der Hussitenkrieg 1419-1431, S. 506-507.*

206 *Vgl.: Palacký: Der Hussitenkrieg 1419-1431, S. 507.*

207 *Vgl.: Palacký: Der Hussitenkrieg 1419-1431, S. 520-524; Šmahel: Hussitische Revolution II, S. 1513-1518; Krocker: Sachsen und die Hussitenkriege, S. 37; Durdík: Hussitisches Heerwesen, S. 236-238.*

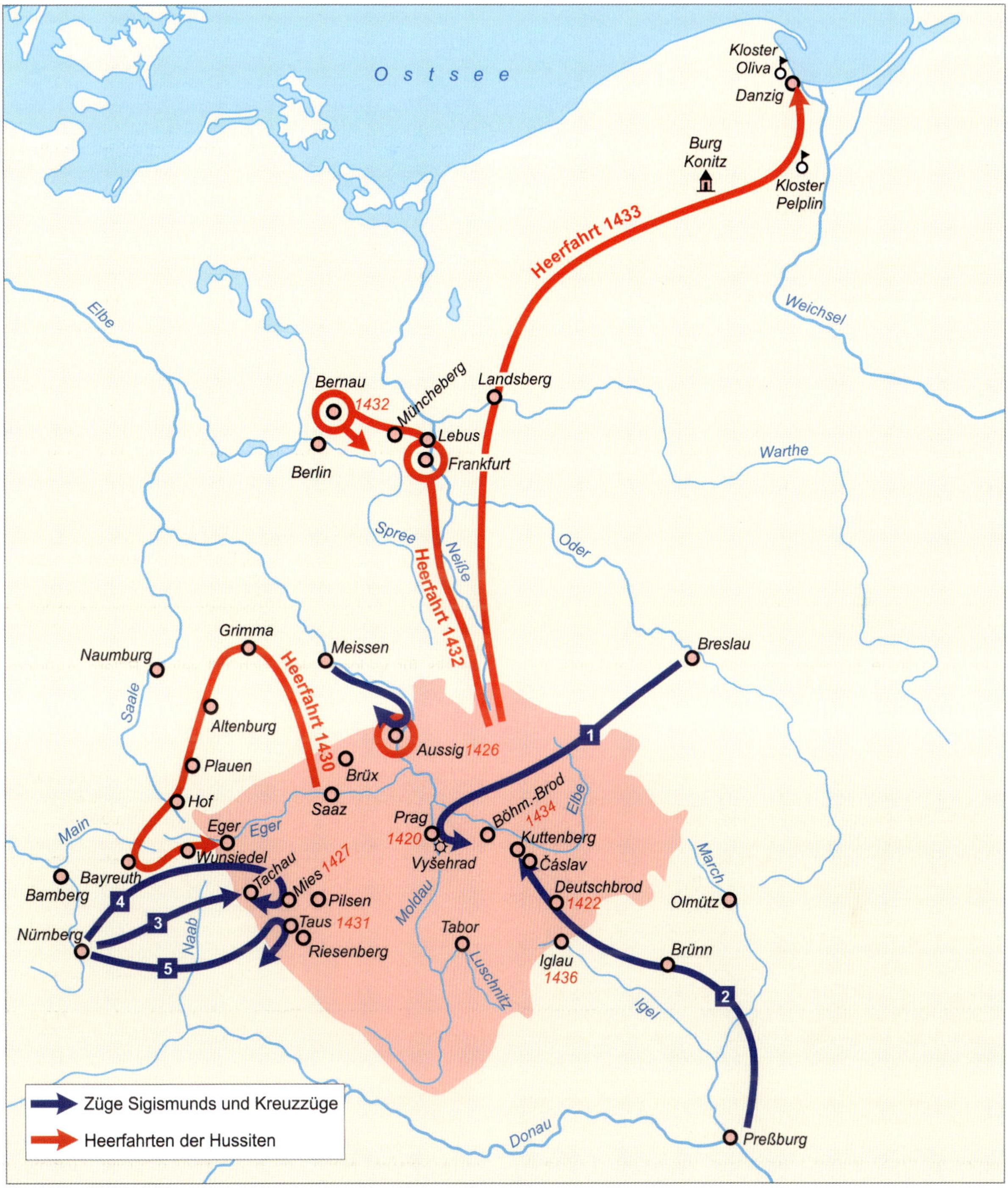
Ostsee
Kloster Oliva
Danzig
Burg Konitz
Kloster Pelplin
Heerfahrt 1433
Weichsel
Elbe
Bernau
1432
Müncheberg
Landsberg
Lebus
Frankfurt
Berlin
Warthe
Spree
Neiße
Oder
Heerfahrt 1432
Grimma
Naumburg
Meissen
Breslau
Heerfahrt 1430
Saale
Altenburg
Aussig 1426
Plauen
Brüx
Hof
Saaz
Prag 1420
Böhm.-Brod 1434
Elbe
Main
Eger
Eger
Wunsiedel
Kuttenberg
Čáslav
Vyšehrad
March
Bayreuth
Tachau
Mies 1427
Bamberg
Pilsen
Deutschbrod 1422
Olmütz
Nürnberg
Naab
Taus 1431
Moldau
Tabor
Riesenberg
Brünn
Iglau 1436
Luschnitz
Igel
1
2
3
4
5
Züge Sigismunds und Kreuzzüge
Heerfahrten der Hussiten
Donau
Preßburg

Brandenburg die im Norden der Stadt lagernden Heeresteile nach Osten zu verschieben und eine Wagenburg zur Deckung der Rückzugswege zu bilden. Fatalerweise vergaß er die übrigen Kommandeure davon in Kenntnis zu setzen. Als der päpstliche Legat, Kardinal Cesarini, und die anderen Heerführer nun die lauten Schlachtgesänge der Hussiten hörten und gleichzeitig beobachteten, wie die Wagen des Brandenburgers immer schneller in Richtung Grenze rollten, dachten sie, dass ihr Oberbefehlshaber sich absetzen wollte. Unter ihnen und ihren Rittern brach Panik aus und sie flüchteten ins Gebirge. Die Reiter und das Fußvolk strömten in die Wälder, die Wagen folgten ihnen in gestrecktem Galopp, wobei die Trossknechte sämtliche Vorräte auf die Straße warfen, um schneller vorwärts kommen zu können. Im Wald versuchte der Kardinal noch einmal eine Wagenburg bilden zu lassen, um die nachsetzenden Hussiten aufzuhalten. Verteidigt wurde diese Stellung von kriegserfahrenen italienischen Söldnern. Aber die Verfolger waren bereits zu nahe an ihre Feinde heran gekommen und stürmten den noch nicht vollständig geschlossenen Ring. Dennoch gelang es den Italienern, die Hussiten aufzuhalten, bis die Nacht herein brach. Es herrschte vollständiges Chaos. *„unde wer da vaste hat geflien mogen, deme ist wol gewest. Doch die lute dannoch vaste davone komen sind, unde daz her haid sich alliz zcutrennet, unde yderman zyuhet wider heym.“*[208]

Heinrich von Plauen, der sich schon im Vierten Kreuzzug ausgezeichnet hatte, brachte mit seiner Reiterei den erschütterten Cesarini in Sicherheit. Die hussitische Reiterei verfolgte die Kreuzritter bis zur Grenze. Der Verlust an Menschen war wahrscheinlich gering, aber die Hussiten gaben an, allein 2.000 Wagen und 300 Büchsen des Kreuzzugheeres erbeutet zu haben. Dazu kamen Truhen voller Schätze, reich ausgeführte Zelte und der Haushalt manches gut situierten Adligen, der mit den Trosswagen zurückgelassen worden war. Die Schlacht bei Taus veranschaulichte auf eindrucksvolle Art und Weise, dass es nicht genügte, die Wagenburg der Hussiten als taktisches Mittel zu kopieren. Um gegen eine straff durchorganisierte Armee, wie die der Hussiten bestehen zu können, bedurfte es auch auf Seiten der Kreuzfahrer einer wesentlich besser koordinierten Organisation.[209]

Wie auch bei den vorangegangenen Kreuzzügen, eröffnete Albrecht von Österreich seinen Feldzug erst sehr spät. Im August marschierte er von Eggenburg über Iglau in Böhmen ein. Die hier verbliebenen hussitischen Streitkräfte zogen sich vor seiner zahlenmäßig überlegenen Armee zurück. Mitte des Monats schlug er - wo ist nicht bekannt - ein angeblich 14.000 Mann starkes Heer der Utraquisten, die dabei 6.000 Mann verloren haben sollen. Doch als nach der Schlacht bei Taus Prokop der Große mit der Masse der Taboriten und Waisen nach Süden zog, brach auch Albrecht Anfang September seinen Feldzug ab.[210]

Dafür wurden die Hussiten im Herbst ihrerseits wieder aktiv. Ein großes Heer der Taboriten und Waisen fiel in Ungarn ein. Jan Čapek führte Truppen aus Schlesien heran und vereinigte sich im Tal der Waag mit den Aufgeboten Prokops des Großen und Prokupek. Die Taboriten unter Prokop machten jedoch wenig später wieder kehrt, da es wegen der Beute zu Unstimmigkeiten mit Čapek gekommen war. Dieser setzte seinen Feldzug mit den Königgrätzer Waisen und dem Aufgebot der Prager Neustadt fort, plünderte mehrere Städte und zog im November mit reicher Beute in Richtung Heimat. Bei der Überquerung des Flüsschens Waag wurde er am 9. November von einem ungarischen Aufgebot angegriffen. Die erste Attacke konnte die böhmische Artillerie abwehren. Doch der nasskalte Herbstregen hatte die Wege aufgeweicht und die Flussufer in Sümpfe verwandelt. Die schweren Wagen blieben im Schlamm stecken. Die Ungarn setzten ihre Angriffe Tag für Tag fort. Nur siebzig mit der allerkostbarsten Beute beladene Wagen konnte Čapek nach zehn Tagen harter Kämpfe retten. Sein Heer verlor angeblich zwei Drittel seiner 7.000 Soldaten.[211]

Ein anderes, etwa 5.000 Mann starkes Heer mit 360 Wagen unter Nikolaus Sokol von Lamberg drang im September ins österreichische Waldviertel ein. Der Feldzug lief zunächst gut an. Altenburg und Pernegg wurden ausgeplündert und die Hussiten bereiteten sich mit ihren voll beladenen Wagen bereits auf den Rückmarsch vor. Doch dann wurde diese Gruppe am 14. Oktober 1431 von einem österreichischen Landesaufgebot bei Kirchberg eingeholt und vernichtend geschlagen. Nur mit Mühe konnte Sokol ein Teil seines Heeres retten. Die vom Feind erbeuteten Feldzeichen wurden anschließend in der Wiener Hofkapelle ausgestellt.[212]

Doch der hussitische Erfolg bei Taus, die verstärkte Wiederaufnahme der Herrlichen Heerfahrten und vermutlich auch die Kriegsmüdigkeit der wichtigsten deutschen Fürsten, allen voran des Kurfürsten von Sachsen, führten am 23. August im nordböhmischen Friedstein zum Abschluss eines zweijährigen Friedensvertrag zwischen den sächsischen Herzögen einerseits und den Taboriten und den Waisen andererseits. Seit Jahrhunderten halten sich Geschichten über einen erneuten Hussiteneinfall in Sachsen im Jahre 1433. Dass ein solcher Zug, bei dem angeblich das Städtchen Taucha geplündert wurde, wirklich stattfand, wird aber von der Forschung stark in Zweifel gezogen, nicht zuletzt wegen des bestehenden Friedens.[213] Möglicherweise zogen nach wie vor kleinere Banden über die Grenze. Zu einem größeren Zug wie dem von 1429/30 kam es sicherlich nicht.

---

208 *Zit.: Palacký: Urkundliche Beiträge II, Nr. 764, S. 242, „und wer da hat schnell fliehen können, dem ist wohl gewesen. Doch die Leute, die dann noch schnell davon gekommen sind, und das Heer hat sich alles getrennt und jedermann zog wieder heim.“ vgl.: Šmahel: Hussitische Revolution II, S. 1519-1521; Turnbull: Hussite Wars, S. 40; Bezold: Sigismund und die Reichskriege III, S. 149-153.*

209 *Vgl.: Palacký: Der Hussitenkrieg 1419-1431, S. 531-547; Krocker: Sachsen und die Hussitenkriege, S. 37; Durdík: Hussitisches Heerwesen, S. 238-240.*

210 *Vgl.: Stöller: Österreich im Kriege gegen die Hussiten, S. 67-68.*

211 *Vgl.: Palacký: Böhmen und das Baseler Konzil, S. 20-21.*

212 *Vgl.: Stöller: Österreich im Kriege gegen die Hussiten, S. 68-69; Palacký: Böhmen und das Baseler Konzil, S. 19; Šmahel: Hussitische Revolution III, S. 1525-1527.*

213 *Vgl.: Krocker: Sachsen und die Hussitenkriege, S. 38-39; Palacký: Urkundliche Beiträge II, Nr. 819, S. 304-306; Šmahel: Hussitische Revolution III, S. 1550-1551.*

Ein hussitischer Büchsenschütze
Der Schütze benutzt eine Hakenbüchse, die er auf seine Pavese und seine Schulter aufstützt, was ihm einen vergleichsweise stabilen Schießaufbau verleiht.

Dieser zeitgenössische Stich zeigt eine Szene der **Schlacht bei Hiltersried**.
Einige Forscher vermuten, dass er bereits in den 1430er Jahren entstand. Damit würde es sich um die älteste Abbildung handeln, die eine hussitische Haubitze (Bildmitte) darstellt. Die ganze Bildkomposition verweist allerdings auf eine Entstehung in der zweiten Hälfte des 15. Jahrhunderts.
(bpk / RMN - Grand Palais / Philippe Fuzeau)

Das Konzil von Basel

Nach der Niederlage bei Taus und den erneut schweren Problemen Sigismunds, auf dem Reichstag ein neues Heer aufzustellen, riet der Kardinallegat Cesarini dem König zu einer diplomatischen Lösung des Problems. Sie fassten den Beschluss, die Böhmen zum anstehenden Kirchenkonzil nach Basel einzuladen. Dieser Vorschlag wurde von den Hussiten unterschiedlich angenommen. Während die Prager ihr Erscheinen zusagten, lehnten die Taboriten jegliche Verhandlungen ab. Doch die Waisen, die sich nach dem letzten Feldzug nach Ungarn mit den Taboriten über die Aufteilung der Beute zerstritten hatten, willigten ebenfalls ein und so kam auf dem böhmischen Landtag die notwendige Mehrheit zusammen. Zunächst wurde eine Gesandtschaft nach Eger geschickt, um mit den Konzilsabgeordneten die Verhandlungsmodalitäten zu besprechen.[214]

Aufgrund dieser Verhandlungen beruhigten sich die Kampfhandlungen im Norden und Westen Böhmens vorübergehend. Auch in Südböhmen flauten die Kämpfe ab, nur der Parteigängerkrieg an der Grenze schwellte weiterhin. Im Frühjahr 1432 unternahmen kleinere taboritische Scharen hingegen einen weiteren Vorstoß nach Oberösterreich, wo sie zweimal die Klöster Waldhausen und Baumgartenberg plünderten. Dagegen startete Herzog Albrecht von Österreich am 2. Mai einen Feldzug gegen das Kloster Hradisch, den Hauptstützpunkt der mährischen Hussiten. Dieses fiel nach kurzer Belagerung in seine Hände.[215]

Zur gleichen Zeit einigten sich die hussitischen Vertreter mit den Konzilsabgeordneten in Eger über die Verhandlungsmodalitäten und die Zusicherung freien Geleits für die böhmischen Abgeordneten. Der Versuch, einen allgemeinen Landfrieden zu etablieren, scheiterte jedoch an der Ablehnung der Taboriten.[216]

Um ihre Verhandlungsbereitschaft nicht als ein Zeichen der Schwäche wirken zu lassen, sammelten die Taboriten unter Prokop dem Großen kurz darauf ihr Heer und unternahmen neue Heerfahrten nach Schlesien, Ungarn und Österreich. In Ungarn nahmen sie die Festung Tyrnau ein, die für längere Zeit in ihrem Besitz bleiben sollte.[217]

Nachdem kleinere hussitische Schaaren in den letzten Monaten des Jahres 1432 immer wieder von den österrei-

214 *Vgl.: Šmahel: Hussitische Revolution III, S. 1530-1540; Stöller: Österreich im Kriege gegen die Hussiten, S. 73.*

215 *Vgl.: Stöller: Österreich im Kriege gegen die Hussiten, S. 74-75; Šmahel: Hussitische Revolution III, S. 1544-1550.*

216 *Vgl.: Stöller: Österreich im Kriege gegen die Hussiten, S. 75.*

217 *Vgl.: Stöller: Österreich im Kriege gegen die Hussiten, S. 75-77.*

Dieses Bild zeigt angeblich **eine Schlacht aus der Hussitenzeit.** Der Ochsenkopf auf der Fahne rechts ist allerdings ein moldavisches Feldzeichen, weswegen inzwischen davon ausgegangen wird, dass sie ein Gefecht aus einem Türkenfeldzug wiedergibt. Dennoch lassen sich hierauf interessante Ausrüstungsdetails erkennen.

chischen Aufgeboten geschlagen worden waren, fielen die Taboriten im Februar 1433 mit einem großen Heer ins Land ein und eroberten die wichtige Festung Rosenburg.[218]

Inzwischen war eine erste Abordnung der Utraquisten am 4. Januar in Basel eingetroffen. In den beginnenden Verhandlungen stellten die Böhmen ihre Forderungen vor. Bis zum April konnten aber keine nennenswerten Ergebnisse erzielt werden, da sowohl die Vertreter der katholischen Kirche, als auch der Hussiten auf ihren Standpunkten beharrten. Aber die Kirchenvertreter zeigten sich diplomatisch geschickter. Sie entsandten eine Abordnung nach Prag, die dafür sorgen sollte, dass die Verhandlungen nicht abgebrochen wurden. Auch Sigismund, der inzwischen zum Kaiser gekrönt worden war, konnte eine Annäherung zwischen dem Papst und seinen hart für den Ausgleich arbeitenden Abgeordneten bewirken.[219]

Doch nicht nur in Basel wurde über den zukünftigen Waffenstillstand debattiert. Auch auf dem Junilandtag in Prag wurde heftig darüber gestritten. Die Baseler Kirchenvertreter nahmen daran ebenso teil, wie einige Abgeordnete Herzog Albrechts von Österreich. Doch das Wort von Andreas Prokop hatte immer noch Gewicht und dieser sprach sich vehement gegen diese Waffenruhe aus. Als die Baseler Abgeordneten am 3. Juli Prag verließen, war ihnen jedoch bewusst, dass sie den Hussiten Zugeständnisse machen mussten, um wenigstens mit den gemäßigten Flügeln eine Einigung herbeiführen zu können.[220]

In Basel zeigte sich nun sogar Kardinal Cesarini kompromissbereit. Daher gewannen gemäßigte Kräfte zunehmend an Bedeutung. Die Utraquisten schlossen sich mit den katholischen Städten in Böhmen zusammen. Diese hatten auf dem Konzil von Basel zumindest erreichen können, dass die Kelchkommunion im Königreich wieder zugelassen wurde. Auch die Taboriten und die Waisen entsandten nun ihre Vertreter in die Schweiz, darunter Prokop den Großen. Doch der Priester und seine Anhänger wollten sich auf keine Kompromisse einlassen und reisten bald darauf enttäuscht wieder ab. Durch die Einigung der Utraquisten am 30. November 1433 zeichnete sich jedoch für Papst und Kaiser eine Lösung der Hussitenfrage ab.[221]

Der Untergang: Lipany

In den Dreißiger Jahren des 15. Jahrhunderts war die böhmische Wirtschaft erschöpft. Der Krieg hatte das Land ausgesogen und den Handel gefährlich geschwächt. Die Preise stiegen drastisch, während die Währung abgewertet wurde. Zwei wichtige Güter bezogen die Kaufleute normalerweise aus Österreich: Salz, welches in Böhmen nicht vorkam, und Wein, der nicht angebaut wurde. Doch der dortige Herzog untersagte die Ausfuhr dieser Güter ins „Ketzerland".[222] Diese Waren stellten deswegen auf den Herrlichen Heerfahrten ein begehrtes Beutegut dar.

Das Hauptaugenmerk der Hussiten lag im Sommer 1433 auf der Belagerung Pilsens. Dabei unternahmen immer wieder größere Heeresabteilungen Vorstöße in die Oberpfalz, um Nahrungsmittel und Geld zu erbeuten. Mitte September beauftragte Prokop die Hauptleute Johann Pardus und Johann Ritka von Bezdedice mit 500 Reitern und 1.500 Mann Fußtruppen, einen solchen Streifzug in der Oberpfalz durchzuführen. Die Hussiten drangen bis Cham vor und verwüsteten das Land mit großer Brutalität. Am 21. September 1433 wurde ihr Trupp schließlich bei Hiltersried von einem wesentlich kleineren Heer des Pfalzgrafen Johann von Pfalz-Neumark (der jedoch während der Schlacht nicht anwesend war, kommandiert wurde das Aufgebot durch Heinrich Pflug) angegriffen und vernichtend geschlagen. Die Schuld an dieser Niederlage trägt angeblich ein einzelner Wagenlenker, durch dessen Fahrlässigkeit eine Lücke in der Wagenburg entstand. Die Söldner des Pfalzgrafen drangen durch diese Lücke ein und sollen anschließend 1.200 Hussiten getötet und 300 gefangen genommen haben. Pardus und Ritka kehrten nur mit einer Handvoll Männer zum Belagerungsheer vor Pilsen zurück.[223]

Die Niederlage löste eine Revolte des taboritischen Feldheeres aus. Prokop, der lange Zeit das Krankenbett hüten musste, wurde ebenso Ziel der Angriffe, wie die beiden besiegten Hauptleute. Er und Pardus wurden Ende September ihrer Stellung enthoben und kurzzeitig eingekerkert. Zwar beruhigte sich die Lage bald wieder, doch es zeigte sich, dass die Gemeinschaft der Taboriten nicht mehr so

218 Vgl.: *Stöller: Österreich im Kriege gegen die Hussiten, S. 77.*
219 Vgl.: *Šmahel: Hussitische Revolution III, S. 1560-1575; Stöller: Österreich im Kriege gegen die Hussiten, S. 77-78.*
220 Vgl.: *Šmahel: Hussitische Revolution III, S. 1575- 1591; Stöller: Österreich im Kriege gegen die Hussiten, S. 78.*
221 Vgl.: *Šmahel: Hussitische Revolution III, S. 1597- 1621; Durdík: Hussitisches Heerwesen, S. 242; Vgl.: Stöller: Österreich im Kriege gegen die Hussiten, S. 78-80.*
222 Vgl.: *Stöller: Österreich im Kriege gegen die Hussiten, S. 7.*
223 Vgl.: *Machilek: Hussiten in der Oberpfalz; S. 211-215; Šmahel: Hussitische Revolution III, S. 1594-1595; Rieder: Die Hussiten, S. 225; Schmidt: Die große Schlacht, S. 23-24.*

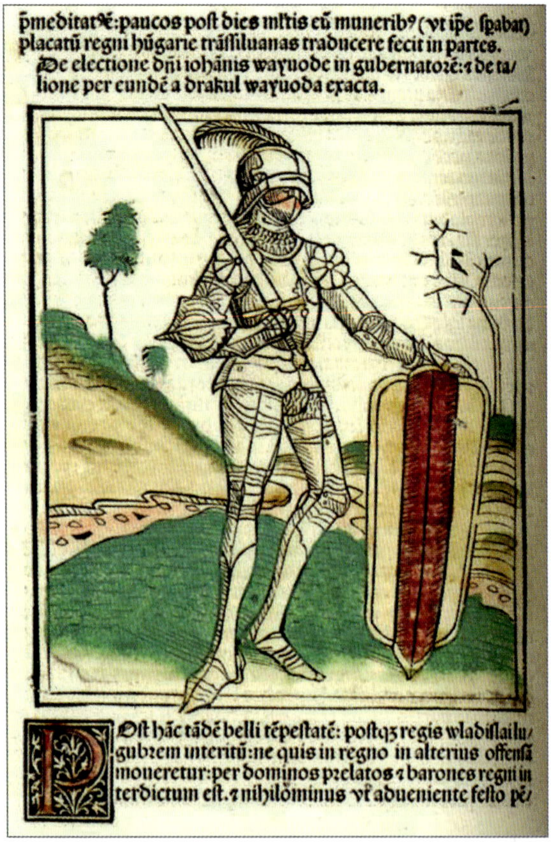
pmeditat⁹ē:paucos post dies mltis cū munerib⁹(vt ipe spabat) placatū regni hūgarie trāssiluanas traducere fecit in partes.
De electione dñi iohānis wayuode in gubernatorē: ⁊ de ta/lione per eundē a drakul wayuoda exacta.
Post hāc tādē belli tēpestatē: postq̄ʒ regis wladislai lu/gubrem interitū: ne quis in regno in alterius offensā moueretur: per dominos prelatos ⁊ barones regni in/terdictum est. ⁊ nihilominus vt adueniente festo pē/

János Hunyadi war ein siebenbürgischer Adliger und wichtiger Heerführer. Er machte seine ersten militärischen Erfahrungen am Ende der Hussitenkriege als Söldner Kaiser Sigismunds. Diese zeitgenössische Abbildung zeigt detailliert eine Rüstung aus der ersten Hälfte des 15. Jahrhunderts. Interessant ist die große Reitertartsche.

unerschütterlich war, wie noch vor wenigen Jahren. Als wenig später Jan Čapek mit dem Heer der Waisen vor Pilsen eintraf, übernahm er den Befehl über beide Feldheere. Stolz präsentierten Čapeks Männer, die gerade von ihrem Zug an die Ostsee zurückgekehrt waren, ihren Kameraden ein erbeutetes Kamel.[224]

Doch lang hatten die Hussiten an ihrer Beute keine Freude. Erst im Dezember unternahmen die Belagerer einen halbherzigen Angriff auf die Stadt, der jedoch abgeschlagen wurde. Als die Verteidiger einen Ausfall auf das Lager der Waisen vortrugen, gelang es ihnen sogar, diesen das Kamel abzunehmen.[225]

Während die Taboriten und Waisen im Frühjahr 1434 immer noch Pilsen belagerten, brach der Zusammenhalt der einzelnen hussitischen Gruppierungen endgültig auseinander. Kaiser Sigismund hatte unter Aufbringung erheblicher finanzieller Mittel den böhmischen Adel mehrheitlich wieder hinter sich vereint. Zudem wurden die Baseler bzw. Prager Kompaktakten vom Landtag angenommen. Der gemäßigte böhmische Adel formierte eine neue *„Herren-Liga“* und stellte sich zusammen mit der Masse der Prager wieder auf die Seite des Königs. Die radikalen Taboriten und Waisen, die ihn nach wie vor ablehnten, waren mit einem Schlag isoliert.[226]

Dadurch entstand für die beiden Feldheere auch eine militärisch brenzlige Situation. Während die Belagerung Pilsens sie im äußersten Westen des Königreiches band, versammelten die Utraquisten ein Heer in der Nähe von Kuttenberg. Von hier aus konnten sie entweder Königgrätz oder das stark befestigte Tabor angreifen. In Westböhmen gingen königstreue Ritter und Herren dazu über, mit kleinen Streifscharen die Fouragiertrupps des Belagerungsheeres abzufangen. In Prag bereiteten die königstreuen Altstädter eine Belagerung der nach wie vor radikalen Neustadt vor. Am 2. Mai traf Čapek mit einigen seiner Hauptleute in der Moldaustadt ein. In der bedrohlichen Situation wurde Prokop der Große gebeten, die Führung über die Armeen wieder zu übernehmen. Prokop sagte zu und bereitete die Verteidigung der Prager Neustadt vor. Doch die Herrenliga war schneller. Am 5. Mai erschien das königstreue Heer vor Prag und besetzte einen Tag später die Neustadt.[227]

Prokop wollte nun in Tabor das Heimatheer mobilisieren und mit den Feldheeren vereinigen. Doch vor Pilsen war der königstreuen Partei ebenfalls ein spektakulärer Erfolg gelungen, als am 5. Mai ein großer Getreidekonvoi an dem Belagerungsheer vorbei in die Stadt zog. Außerdem trafen Nachrichten bei den Hussiten ein, dass das Heer der Herrenliga seinen Aufbruch aus Prag vorbereitete und ihnen womöglich in den Rücken fallen könnte. Da ein Aushungern Pilsens nun immer unwahrscheinlicher wurde, brach Prokupek, der Verweser der Waisen, die Belagerung am 9. Mai ab und marschierte über Hostovice an die Moldau. Wenige Tage später vereinigte er sich mit den rasch ausgehobenen Truppen Prokops. Das Heer des Pilsner Landfriedens versammelte sich und traf am 26. Mai in Prag ein, wo die Truppen der Herrenliga nun einen Vorstoß auf Böhmisch Brod vorbereiteten. Der Befehlshaber dieser Armee war ein alter Waffengefährte Jan Žižkas: Diviš Bořek z Miletínka. Der erfahrene Heerführer war sich darüber im Klaren, dass er Prokops Armee nicht suchen musste, sondern dass diese sich von allein stellen würde, sobald die Herrenliga die Belagerung von Böhmisch Brod aufgenommen hatte.[228]

Bereits am 27. Mai 1434 erreichten die Speerspitzen der Armee die etwa 30 Kilometer östlich von Prag gelegene Stadt. Einen Tag später meldeten Spähtrupps das Herannahen der Taboriten und Waisen. Am 30. Mai trafen beide Armeen bei Lipany nahe Böhmisch Brod aufeinander.[229]

Die Armee Prokop des Großen umfasste nur noch 10.000 Mann, davon 700 Reiter. Er verfügte über 360 Wagen. Der utraquistische Bund konnte 20.000 Mann mit 660 Wagen ins Feld führen. Die taboritischen Feldheere hatten sich dem Schlachtfeld im Eilmarsch genähert und westlich von Lipany auf einem Hügel ihre Wagenburg errichtet. Die Utraquisten besaßen mit Diviš Bořek z Miletínka ebenfalls einen erfahrenen Feldherren, der sein Handwerk noch unter Žižka gelernt hatte. Miletínka kannte das Standartprogramm hussitischer

224 *Vgl.: Šmahel: Hussitische Revolution III, S. 1596-1597; Rieder: Die Hussiten, S. 225-226.*

225 *Vgl.: Šmahel: Hussitische Revolution III, S. 1620-1621; Rieder: Die Hussiten, S. 227.*

226 *Vgl.: Šmahel: Hussitische Revolution III, S. 1625-1631.*

227 *Vgl.: Šmahel: Hussitische Revolution III, S. 1630-1632; Rieder: Die Hussiten, S. 227.*

228 *Vgl.: Šmahel: Hussitische Revolution III, S. 1634-1637.*

229 *Vgl.: Šmahel: Hussitische Revolution III, S. 1636-1637; Durdík: Hussitisches Heerwesen, S. 242; Stöller: Österreich im Kriege gegen die Hussiten, S. 80.*

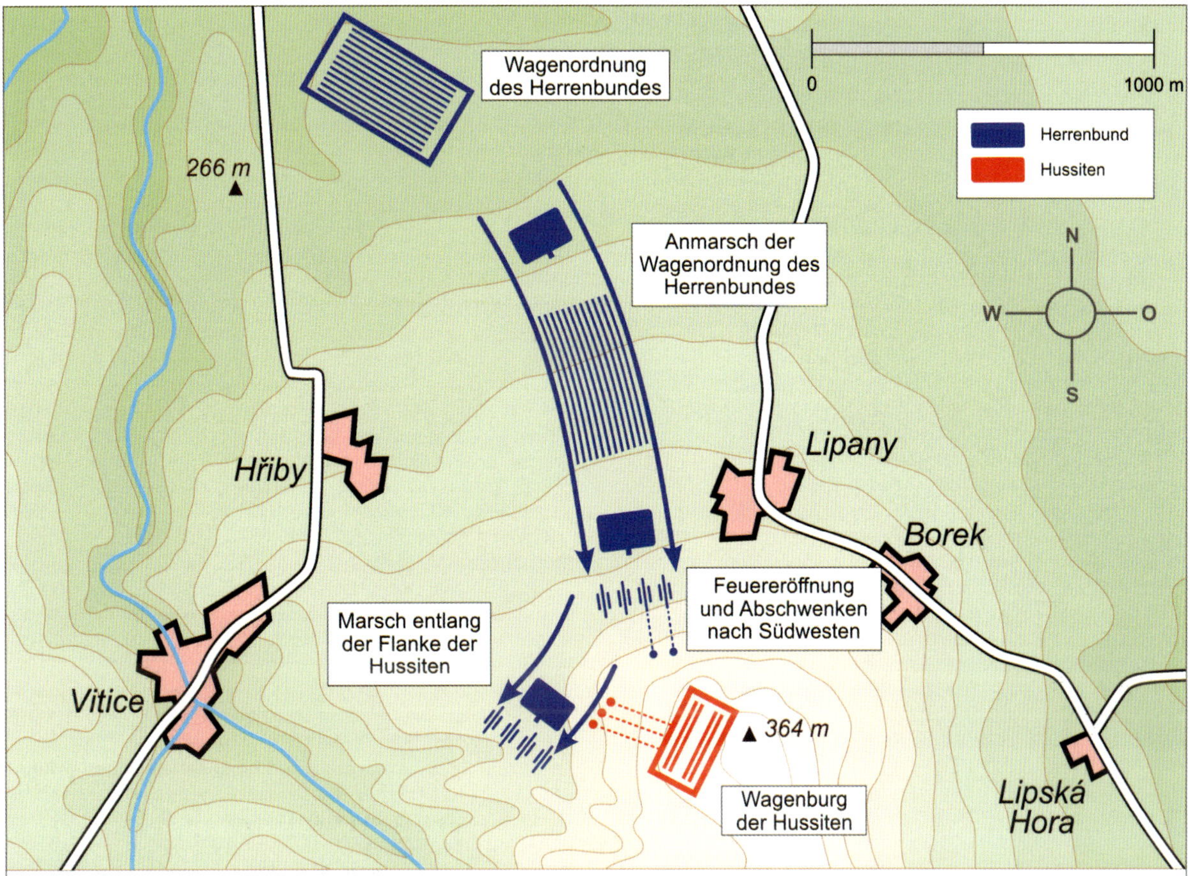
Wagenordnung des Herrenbundes
0
1000 m
Herrenbund
Hussiten
N
W
O
S
266 m
Anmarsch der Wagenordnung des Herrenbundes
Hřiby
Lipany
Borek
Vitice
Marsch entlang der Flanke der Hussiten
Feuereröffnung und Abschwenken nach Südwesten
364 m
Wagenburg der Hussiten
Lipská Hora

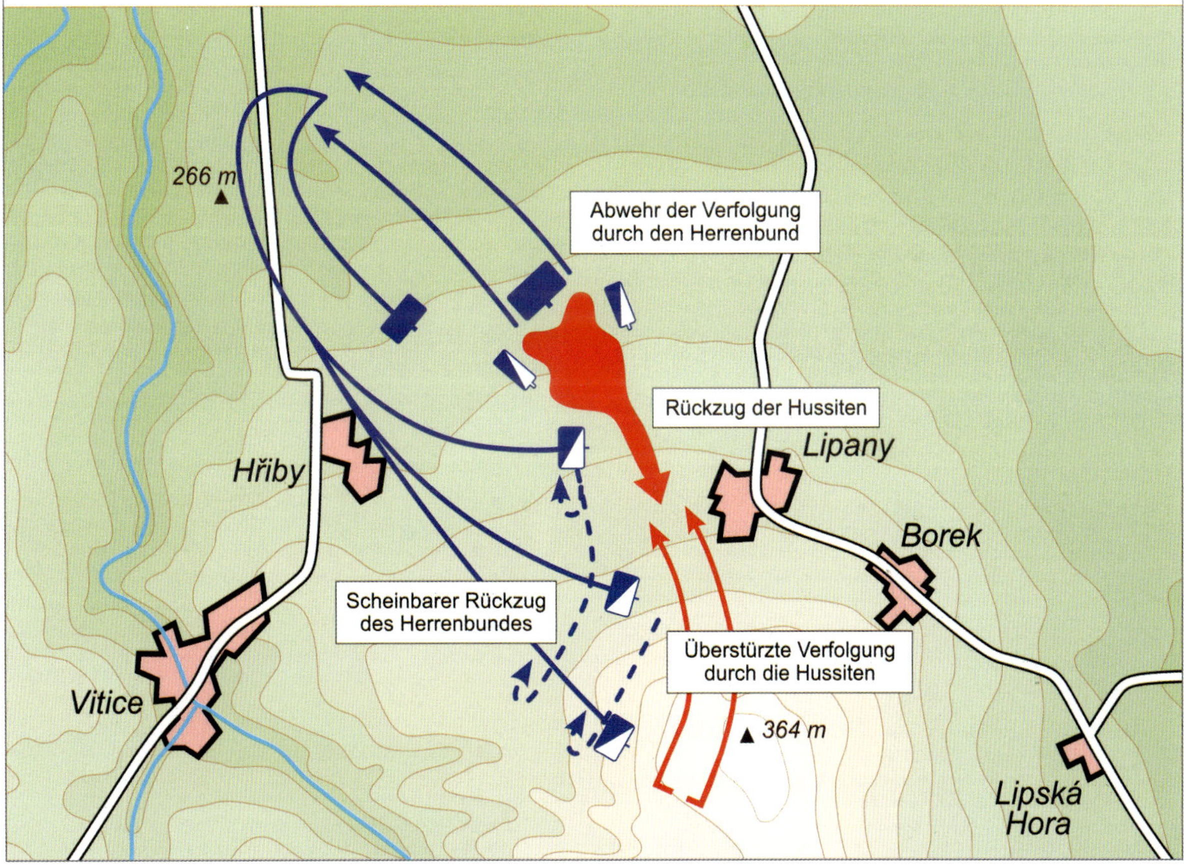
266 m
Abwehr der Verfolgung durch den Herrenbund
Rückzug der Hussiten
Hřiby
Lipany
Borek
Scheinbarer Rückzug des Herrenbundes
Vitice
Überstürzte Verfolgung durch die Hussiten
364 m
Lipská Hora

Taktik, das Abwarten des feindlichen Angriffs und den sofortigen Gegenangriff, sobald dieser von der Wagenburg abgewiesen worden war. Entsprechend plante er die kommende Schlacht. Er ordnete seine Wagen in angeblich elf Reihen. Zwischen 15 und 16 Uhr marschierten die Truppen der Herrenliga auf Prokops Wagenburg zu. Ein feiner Frühlingsregen setzte ein und ließ Nebel von den feuchten Wiesen aufsteigen. Sowie die Utraquisten in Reichweite waren, feuerten sie die an der Front aufgefahrenen vier Geschütze ab und schwenkten daraufhin nach rechts ab. Der Wagenzug marschierte um den Hügel und bot seine rechte Flanke der linken Flanke der Taboriten dar.[230]

Ein Chronist beschreibt das folgende Kampfgeschehen detailliert: *„Da haben vnser lawt vier puchsen an den Spitz zu geschickt. vnd die andern puchsen all neben auf die Seitten. Da si ze samen ritten vnser spitz mit der Thaber spicz. da haben die vnsern mit den vordristen puchsen in Irn Spicz geschossen. Vnd haben dernach ein klein weil aufgehort. Vnd haben getan als si getrubt gewesn sein. vnd haben sich gewendet, als sie aus dem veld haben wellen. Da haben die Hussen alle Ir püchsen auf die vnsern abgeschossen. Also ist Herr Niclaus zu stund wiedervmb zu Iren Spicz kömen. vnd hat die herren auf vnser Seitten haissen schiessen in der Hussen heer auf die Seitten mit den püchsen, Da hat sich her Niclaus aber gewendet vnd ein clain weg von In gezogen als er hiet weichen wellen. Da das die Hussen ersehen haben, da haben sie Ir Wagenburg aufgetan. vnd den vnsern nacheilen wellen. Da hat sich her Niclaus mit dem Volk wider vmbkert. vnd hat mit In in die Wagenburg gesprungen vnd hat mit den veinden gefochten als lang das Si in di Wagenburg verschlossen haben. Also haben die vnsern von herrn Mänharten vom Newenhausz der von Rosenberg vnd ander herrn pest gewappnet lewt. vnder den vnsern vmb die Wagenburg hin ein gehebt vnd geholfen. die weil haben die vnsern die veindt gestürmpt vnd die wägen in der Wagenburg nider geworffen, das sie den vnsern hin ein ze hilf kömen sein. das si das veld also behabt vnd die veindt all nider gelegt haben.“*[231]

Nachdem die Wagen des Herrenbundes abgeschwenkt waren, kam es zu einem kurzen, aber intensiven Artillerieduell. Pulverqualm senkte sich über das Tal und beraubte den Taboriten und Waisen die Sicht. Dann konnten sie jedoch erkennen, wie der Wagenzug des Herrenbundes eine 180°-Drehung machte und wieder auf Lipany zurück marschierte. Als sie sich immer weiter entfernten, dachte Čapek, dass Miletínka sich geschlagen gebe und befahl die Verfolgung. Die Wagenburg wurde geöffnet und die Reiterei und das Fußvolk stürmten den Utraquisten nach. Doch diese erwarteten den Angriff und konnten nun im offenen Kampf ihre zahlenmäßige Überlegenheit ausspielen. Schritt für Schritt wichen die Radikalen auf ihre Wagenburg zurück. Inzwischen hatten auch die Spitzen des utraquistischen Wagenzuges kehrt gemacht und fielen dem Gegner in Flanke und Rücken. Manche Quellen behaupten auch, dass Miletínka Reiterei in der Flanke der Wagenburg bereit hielt, die beim Ausbruch der Radikalen zum Angriff überging. Diese Gruppen drangen schließlich in die Wagenburg ein. Es gelang den Hussiten zwar, die Lücken in dem Wagenring zu schließen und die Angriffsspitze der Utraquisten darin einzuschließen. Doch immer mehr Fußvolk drängte nach und so gelang der zweite, endgültige Sturm der Wagenburg. Bei den folgenden harten Nahkämpfen fielen Prokop und Prokupek. Jan Čapek hörte zwar die verzweifelten Signale, die ihn zurückbeorderten, war aber selbst zu sehr bedrängt, als dass er der Wagenburg hätte zu Hilfe eilen können. Er floh mit einem Teil seiner Reiterei in die befestigte Stadt Kolín, was ihm später oftmals als Verrat ausgelegt wurde.[232]

Der Sieg der Utraquisten war vollständig. Nur ein kleiner Teil der Taboriten und Waisen wurde geschont und trat in ihre Dienste über. Der Rest wurde auf dem Schlachtfeld nieder gemacht. Etwa 900 sollen in Scheunen nahe Böhmisch Brod verbrannt worden sein.[233]

In der Schlacht bei Lipany wurde den Feldheeren der radikalen Hussiten das Rückgrat gebrochen. Zwar dauerte die Auseinandersetzung mit kleineren Gruppen noch eine Weile an, aber die wenigen Schlachten, zu denen es noch kam, gingen für die Radikalen meist erfolglos aus.

In Mähren hatte Herzog Albrecht am 4. Mai 1434 in Brünn einen allgemeinen Landfrieden verabschiedet, in den auch der hussitische Adel einwilligte. Nur die radikalen Gruppen setzten ihren Krieg fort und unternahmen im Juni einen weiteren Einfall nach Österreich. Die Hussiten drangen bis nach Krems vor und zogen sich Ende des Monats beutebeladen wieder zurück. Dieser Überfall erleichterte es Albrecht, seinen eigenen Landtag dazu zu bringen, die Mittel für einen neuen Feldzug nach Mähren zu bewilligen, der jedoch ebenfalls keine entscheidenden Ergebnisse brachte.[234]

---

230 *Vgl.: Šmahel: Hussitische Revolution III, S. 1639; Durdík: Hussitisches Heerwesen, S. 243-245.*

231 *Zit.: Palacký: Urkundliche Beiträge II, Nr. 912 B, S. 416-417 „Da haben unsere Hauptleute vier Büchen an die Spitze geschickt. Und die anderen Büchsen alle an die Seite. Als unsere Spitze mit der Spitze der Taboriten zusammenstieß, da haben die Unseren mit den vorderen Büchsen in die Spitze der Taboriten geschossen. Und haben nach kurzer Dauer aufgehört. Und sie haben getan, als wären sie betrübt gewesen. Und haben sich gewendet, als ob sie aus dem Feld ziehen wollten. Da haben die Hussiten alle ihre Büchsen auf die Unseren abgeschossen. Also ist Herr Nikolaus zur Stunde wiederum an Ihre Spitze gekommen. Und er hat die Herren an unserer Seite auf die Seite des hussitischen Heeres mit den Büchsen schießen lassen. Dann hat sich Herr Nikolaus aber gewendet und hat sich ein wenig zurück gezogen, als hätte er weichen wollen. Als dass die Hussiten sahen, da haben sie ihre Wagenburg geöffnet und den Unseren nacheilen wollen. Da hat sich Herr Nikolaus mit dem Volk wieder umgekehrt und hat mit ihnen die Wagenburg gestürmt und hat mit den Feinden lang gefochten, als sie die Wagenburg geschlossen hatten. Also sind die Unseren von Herrn Meinhardt von Neuhaus, der von Rosenberg und andere Herren am besten gewappnete Leute in die Wagenburg eingedrungen und haben den Unseren geholfen. Derweil haben die Unseren den Feind überwunden und Wagen in der Wagenburg niedergeworfen, damit die Unseren zur Hilfe hinein kommen konnten. Sie hielten das Feld und machten die Feinde alle nieder.“*

232 *Vgl.: Šmahel: Hussitische Revolution III, S. 1639-1640; Durdík: Hussitisches Heerwesen, S. 245-247.*

233 *Vgl.: Durdík: Hussitisches Heerwesen, S. 247.*

234 *Vgl.: Stöller: Österreich im Kriege gegen die Hussiten, S. 80-81.*

Die Abbildung zeigt den meißnischen **Ritter Friedrich von Dohna**. Sein Vater war einer der letzten Burggrafen von Dohna. Bis 1402 besaß die Familie eine nicht unbedeutende Herrschaft südlich von Dresden, verlor sie aber in einem Krieg mit den Markgrafen von Meißen. Friedrich verdiente sich danach vermutlich als Söldner. 1410 kämpfte für den Deutschen Orden. 1426 nahm er am Feldzug des sächsischen Heeres nach Aussig teil, wo er schließlich fiel.

Seine Rüstung besteht aus einer Hundsgugel, einem Plattenpanzer und eisernen Beinschienen, die damals auch in Mitteleuropa zunehmend Verbreitung fanden. Sein Schild, das die gekreuzten Hirschgeweihe – das Wappen der Dohnas – zeigt, besitzt an der oberen rechten Ecke eine Einkerbung zum Einlegen der Lanze

Der Hussitenkönig

Sigismund von Luxemburg war sicherlich ein unglücklicher Herrscher. Seine Regierungszeit war von der schwersten Kirchenkrise des Mittelalters geprägt. Er selbst erwies sich dabei als kompromissbereiter Reformer. Zwar konnten die Utraquisten ihre Forderung nach der Durchsetzung der Vier Prager Artikel auf dem Baseler Konzil nicht durchsetzen, schließlich wurde ihnen zumindest, auch mit Zusage Sigismunds, die Kelchkommunion gestattet. Prag erhielt einen utraquistischen Bischof. Der König besiegelte dieses Versprechen in den sogenannten Iglauer Kompaktakten. 1436 erkannte der Böhmische Landtag den Luxemburger als König an. Daraufhin erklärte Sigismund die Hussitische Revolution für beendet. Ein Jahr später starb er.[235]

Zu seinem Nachfolger hatte er seinen Schwiegersohn Albrecht von Österreich erkoren, der auch tatsächlich von den böhmischen Ständen zum König gewählt wurde und 1438 in Prag einzog. Auch er verstarb nach einem Jahr, am 27. Oktober 1439. In diesen Jahren wurden auch die letzten Heere radikaler Hussiten vernichtet. Jan Roháč z Dubé, der die Schlacht bei Lipany überlebt hatte, verschanzte sich mit einigen Kriegern der Waisen auf seiner Burg Dubé, die noch durch König Sigismund belagert wurde. Nachdem die Burg am 6. September 1437 gefallen war, wurden Jan und 53 seiner Mitstreiter in Prag gehängt. Ein weiteres hussitisches Heer wurde am 23. September 1438 durch ein sächsisches Aufgebot bei Sellnitz (Želenice) nahe der Stadt Brüx aufgerieben.[236]

Nach dem Tod Albrechts II. begann in Böhmen eine lange Zeit der Thronwirren. Zwei Parteien stritten im Land um die Vorherrschaft, zum einen die Katholiken um den immer noch rüstigen Ulrich von Rosenberg, zum anderen die Utraquisten um Meinhard von Neuhaus. Aus ihrer Mitte trat schließlich in den 1440er Jahren ein junger Mann hervor, der es schaffte, die zersplitterten Parteien wieder zu einen. Georg von Podïebrad entstammte einer jener Adelsfamilien, die sich früh den Hussiten angeschlossen hatte. Sein Vater war angeblich eng mit Žižka befreundet und dieser Georgs Taufpate gewesen. Mit 14 nahm der junge Knappe an der Schlacht bei Lipany teil. 1448 wurde Georg, mittlerweile auch Führer der Utraquisten, zum Landesverwalter gewählt. Daraufhin besetzte die katholische Partei Prag. Georg hob im Norden des Landes eine Armee aus. Im September 1448 marschierte er mit nicht einmal 1.000 Mann an die Moldau und besetzte die Hauptstadt ohne größere Schwierigkeiten. Meinhard von Neuhaus, der Burggraf des Hradschin, wurde festgenommen und auf die Burg Poděbrady gebracht. Da Georg die Freilassung Meinhards verweigerte und ihn stattdessen vor ein ordentliches Gericht stellen wollte, brach schließlich in Böhmen ein Bürgerkrieg aus, aus welchem Georg als Sieger hervorging. [237]

Anschließend beteiligte er sich am Sächsischen Bruderkrieg (1445-1451) auf der Seite Wilhelms des Tapferen. Erneut drangen böhmische Heere in Sachsen ein. Georgs Zug wurde als eine neue *„hussitische“* Invasion betrachtet.

1451 ernannte Kaiser Friedrich III. Georg zum böhmischen Landesmarschall, der kurz darauf von den Ständen zum Landesverweser gewählt wurde. Zwei Jahre später kürten die Böhmen den jungen österreichischen Herzog Ladislaus Postumus zum König, der jedoch bereits 1557 verstarb. Aus den anschließenden Neuwahlen ging Georg am 27. Februar 1458 dank seiner großen Anhängerschaft im utraquistischen Landadel als Sieger hervor. Im Süden des Landes wurde diese Wahl jedoch nicht anerkannt. Georg zog mit einem Heer gegen die Stadt Iglau, die er vier Monate lang belagerte, ehe sie sich ihm unterwarf. Auch die Breslauer mussten mit Gewalt zur Huldigung gezwungen werden.[238]

Ab 1459 gelang es Georg, die Folgen der Hussitenkriege zu überwinden. In diesem Jahr wurde mit dem Vertrag von Eger die bis heute gültige böhmisch-sächsische Grenze zwischen ihm und den Wettinern festgelegt. Das Land blühte unter seiner Herrschaft wieder auf. Die Beziehungen zum Heiligen Stuhl konnte er, wenn auch mit Mühe, wieder normalisieren, da er die radikalsten Gruppierungen des Hussitentums, die das Papsttum nach wie vor ablehnten, unterdrückte. Georg setzte auf die Umsetzung der Iglauer Kompaktakten und hielt als König seine Hand schützend über die hussitischen Utraquisten und die Katholiken. Nichts destotrotz wurde er 1466 durch den konservativen Papst Paul II. exkommuniziert. Die katholische Partei schloss sich daraufhin in der Grünberger Allianz zusammen und obwohl Friedrich III. und auch der ungarische König Matthias Corvinus bis dahin ein gutes Verhältnis zu Georg gepflegt hatten, begannen sie nun auf päpstlichen Druck militärisch gegen den Hussitenkönig vorzugehen. Die Ungarn besetzten große Teile Mährens, wo sich Matthias Corvinus am 3. Mai 1469 in Olmütz zum neuen König von Böhmen krönen ließ. 1470 gelang es Georg von Podïebrad allerdings, weite Teile des Landes zurück zu erobern. Trotz des päpstlichen Banns stand die Mehrheit der Böhmen immer noch hinter dem charismatischen König. Aber sein überraschender Tod am 22. März 1471 beendete den Krieg. Um die Krone Böhmens stritten sich nun Matthias Corvinus und der Sohn des polnischen Königs Kasimir, Wladislaw II. Beide waren bekennende Katholiken. Wladislaw konnte sich schließlich durchsetzen und so regierte das polnische Geschlecht der Jagiellonen bis 1526 in Böhmen.[239]

235 *Vgl.: Šmahel: Hussitische Revolution III, S. 1622-1640; Rieder: Die Hussiten, S. 230-233; Macek: Revolutionäre Bewegung, S. 166-169; Hönsch: Geschichte Böhmens, S. 148-149.*

236 *Vgl.: Šmahel: Hussitische Revolution III, S. 1687-1690; Rieder: Die Hussiten, S. 236-241; Macek: Revolutionäre Bewegung, S. 166-167; Hönsch: Geschichte Böhmens, S. 149-151.*

237 *Vgl.: Hönsch: Geschichte Böhmens, S. 154-158.*

238 *Vgl.: Bachmann: Georg von Podïebrad, S. 602-606; Palacký: Georg von Poděbrad I.; Rieder: Die Hussiten, S. 244-253.*

239 *Vgl.: Hönsch: Geschichte Böhmens, S. 158-163; Bachmann: Georg von Podïebrad, S. 606-612; Palacký: Georg von Poděbrad II.; Rieder: Die Hussiten, S. 253-288.*

Die Hussitische Revolution als Böhmische Reformation

Eine der größten Stärken der hussitischen Bewegung, das nationale Moment, wurde schließlich zu einer entscheidenden Schwäche, da es die Ausbreitung der Bewegung außerhalb des Landes erheblich erschwerte. Als die Böhmen sich konfessionell immer weiter entzweiten, war das Scheitern der radikalen Flügel unausweichlich. Nur die Verhandlungen der kompromissbereiten Utraquisten konnten die hussitischen Ideen bewahren.

Mit der Unterstützung Sigismunds wählten die böhmischen Stände mit Jan Rokycana 1435 sogar einen neuen hussitischen Erzbischof. Allerdings erhielt Rokycana niemals die päpstliche Anerkennung. Im Gegensatz zu Rom waren Sigismund und seine Nachfolger jedoch sehr an einem Ausgleich der Glaubensgemeinschaften interessiert. Am 5. Juli 1436 ratifizierte er die Iglauer Kompaktakten, die im Wesentlichen die Prager Kompaktakten bestätigten und den Pragern einen calixtinischen Bischof zugestanden. Doch auch diese Vereinbarung fand nie die päpstliche Anerkennung. 1462 ließ Pius II. die Kompaktakten wieder aufheben und forderte die kirchliche Einigung Böhmens.

Als sich nach dem Tod Georgs von Podiebrad mit den Jagiellonen eine katholische Dynastie etablierte, änderte sich die Politik der neuen Könige gegenüber den Hussiten nur wenig. Auch Wladislaw II. machte sich für eine päpstliche Anerkennung der Kompaktakten stark. 1485 bestätigte er sie auf dem Kuttenberger Landtag erneut und erlaubte seinen Untertanen in Böhmen die freie Wahl ihrer Religion zwischen Katholizismus und Utraquismus. Der Kuttenberger Religionsfrieden war damit wesentlich toleranter, als der 1555 im Reich geschlossene Augsburger Religionsfrieden zwischen Katholiken und Lutheranern oder das Edikt von Nantes 1598 zwischen französischen Katholiken und Hugenotten. Die Bestimmungen wurden auf einem weiteren Reichstag 1512 anerkannt. Auch die radikalen Ausprägungen des Hussitentums gewannen im 15. Jahrhundert erneut an Kraft. Wiederum war es vor allem das Gedankengut der Waldenser, welches zur Abspaltung der Böhmischen und Mährischen Bruder führte. Diese errichteten 1459 offiziell ihre eigene Kirche, wurden aber lange Zeit verfolgt. Erst als sich die konfessionelle Vielfalt im Zuge der Reformation noch um ein mehrfaches erweitere, erlangten auch die Brüder 1574/75 in der Confessio Bohemica zumindest ihre offizielle Duldung. Die Confessio Bohemica diente der Anerkennung der Protestanten im Land, die damit eine Ausdehnung des Kuttenberger Religionsfriedens auf ihre Gemeinden erlangten. In der zweiten Hälfte des 16. Jahrhunderts kam es zu einem Angleichen zwischen Utraquisten und Protestanten. Das mag kaum weiter verwundern, schrieb doch schon Luther selbst: „*Ich habe schon bisher, ohne es zu ahnen, alles von Hus gelehrt* [...] *kurz wir sind alle Hussiten, ohne es zu wissen.*“ [240] 1609 bestätigte Rudolf II. den Böhmen in seinem Majestätsbrief das Recht auf freie Religionsausübung. Dieser Majestätsbrief wurde von seinem Nachfolger Ferdinand II. zerrissen, nachdem die katholischen Heere die rebellierenden Böhmen 1620 in der Schlacht am Weißen Berg geschlagen hatten. Durch die anschließend durchgeführte Gegenreformation wurden sowohl Protestanten als auch Hussiten aus Böhmen vertrieben oder in den Untergrund gezwungen. Erst mit dem Ende der habsburgischen Herrschaft 1918 und der anschließenden Etablierung einer unabhängigen Tschechoslowakei gründeten sich die Evangelische Kirche der Böhmischen Brüder (1918) und die Tschechoslowakische Hussitische Kirche (1420), die beide dem Utraquismus näher stehen, als dem Luthertum. Heute haben beide Kirchen etwa 154.000 Mitglieder.[241]

---

240 *Zit.: Luther: Gesammelte Werke, S. 1541.*
241 *Vgl.: Hönsch: Geschichte Böhmens, S. 419-525.*

QUELLEN

Urkunden aus Editionen werden im Text immer zunächst mit der Editionsnummer und dann mit der betreffenden Seitenzahl zitiert.

Codex Diplomaticus Saxoniae Regiae I B 4: Die Urkunden der Markgrafen von Meißen und Landgrafen von Thüringen 1419-1427, Leipzig- Dresden 1941 [zit.: CDS I B 4].

Codex Diplomaticus Saxoniae Regiae II 5. Urkundenbuch der Städte Dresden und Pirna, Leipzig 1875 [zit.: CDS II 5].

Codex Diplomaticus Saxoniae Regiae II 8. Urkundenbuch der Stadt Leipzig, Leipzig 1868 [zit.: CDS II 8].

Die Hussiten. Die Chronik des Laurentius von Brezová 1414-1421. Aus dem Lateinischen und Alttschechischen übersetzt, eingeleitet und erklärt von Josef Bujnoch, Graz – Wien – Köln 1988 [zit.: Laurentius-Chronik].

LUTHER, Martin: Gesammelte Werke: Lutherbibel, Predigten, Traktate, Gedichte, Biografie, ohne Ort 2015 [zit.: LUTHER: Gesammelte Werke].

PALACKÝ, František: Urkundliche Beiträge zur Geschichte der Hussitenkrieg in den Jahren 1419-1436. 2 Bde., Prag 1873 [zit.: PALACKÝ: Urkundliche Beiträge I&II].

LITERATUR

BACHMANN, Adolf: Georg von Podïebrad. In: Allgemeine Deutsche Biographie (ADB). Band 8, Leipzig 1878, S. 602–611 [zit.: BACHMANN: Georg von Podïebrad].

BEZOLD, Friedrich von: König Sigismund und die Reichskriege gegen die Hussiten, München 1872 [zit.: BEZOLD: Sigismund und die Reichskriege].

BLEICHER, Michaela: Das Herzogtum Niederbayern. Straubing in den Hussitenkriegen. Kriegsalltag und Kriegsführung im Spiegel der Landschreiberrechnung. Inaugural – Dissertation zur Erlangung der Doktorwürde der Philosophischen Fakultät III (Geschichte, Gesellschaft und Geografie der Universität Regensburg, Regensburg 2004 [zit.: BLEICHER: Das Herzogtum Niederbayern].

BOEHEIM, Wendelin: Handbuch der Waffenkunde, Leipzig 1890 [zit.: BOEHEIM: Waffenkunde].

DURDÍK, Jan: Hussitisches Heerwesen. Berlin 1961 (zit.: DURDÍK: Hussitisches Heerwesen].

DOLÍNEK, Vladimír/ DURDÍK, Jan: Historische Waffen, Augsburg 1996 [zit.: DOLÍNEK/DURDÍK: Historische Waffen].

ERMISCH, Hubert: Zur Geschichte der Schlacht bei Außig, in: NASG 47 (1926), S. 5-45 [zit.: ERMISCH: Schlacht bei Außig].

GUNDRAM, Ralph: Döbeln und die Hussiten. Der hussitische Feldzug 1429/30 zwischen Elbe und Mulde in Legende und Wirklichkeit, Döbeln 2007 [zit.: GUNDRAM: Döbeln und die Hussiten].

GRINTZER, E.: Die Einnahme und Zerstörung der Stadt Plauen i. V. durch die Hussiten im Jahre 1430, in: NASG 33 (1912), S. 142-145 [zit.: GRINTZER: Zerstörung der Stadt Plauen].

HILSCH, Peter: Johannes Hus. Prediger Gottes und Ketzer, Regensburg 1999 [zit.: HILSCH: Johannes Hus].

HÖNSCH, Jörg K.: Geschichte Böhmens. Von der slavischen Landnahme bis zur Gegenwart, München 1997 [zit.: HÖNSCH: Geschichte Böhmens].

JECHT, Richard: Der Zug der Hussiten nach der Mark im Jahre 1432, in: Forschungen zur brandenburgischen und preußischen Geschichte 25 (1912), S. 29-50 [zit.: JECHT: Zug der Hussiten nach der Mark].

KEJŘ, Jiří: Die Hussitenrevolution, Prag 1988.

KOROWSKI, Franz: Die Marienburg und ihre 17 Hochmeister des Deutschen Ritterordens, Würzburg 2007 [zit.: KOROWSKI: Die Marienburg].

KORSCHELT, Johann Gottlieb: Kriegsdrangsale der Oberlausitz zur Zeit des Hussitenkrieges, in: Neues Lausitzisches Magazin 44 (1868), S. 173-186 [zit.: KORSCHELT: Kriegsdrangsale der Oberlausitz].

KROCKER, Ernst: Sachsen und die Hussitenkriege, in: NASG 21 (1900), S. 1-39 [zit.: KROCKER: Sachsen und die Hussitenkriege].

KRZENCK, Thomas: Die Hussitenkriege, Sachsen und Leipzig, in: HEHL, Ulrich von (Hrsg.): Stadt und Krieg. Leipzig in militärischen Konflikten vom Mittelalter bis ins 20. Jahrhundert, Leipzig 2015, S. 51-69 [zit.: KRZENCK: Hussitenkriege].

LINDAU, Wilhelm Adolf: Die Schlacht bei Aussig. Romantische Bilder aus dem 15. Jahrhundert, Leipzig 1849 [zit.: LINDAU: Schlacht bei Aussig].

LUGS, Jaroslaw: Handfeuerwaffen. Systematischer Überblick über die Handfeuerwaffen und ihre Geschichte, Band 1, Berlin 1977 [zit.: LUGS: Handfeuerwaffen].

MACEK, Josef: Die Hussitische Revolutionäre Bewegung, Berlin 1958 [zit.: MACEK: Revolutionäre Bewegung].

MACHILEK, Franz: Hus und die Hussiten in Franken, in: Jahrbuch für fränkische Landesforschung 51 (1991), S. 15-37 [zit.: MACHILEK: Hussiten in Franken].

MACHILEK, Franz: Schlesien, Hus und die Hussiten, in: MACHILEK, Franz: Die hussitische Revolution. Religiöse, politische und regionale Aspekte, Wien - Köln - Weimar 2012, S. 109-142 [zit.: MACHILEK: Schlesien].

MACHILEK, Franz: Jan Hus und die Hussiten in der Oberpfalz, in: MACHILEK, Franz: Die hussitische Revolution. Religiöse, politische und regionale Aspekte, Wien - Köln - Weimar 2012, S. 181-222 [zit.: MACHILEK: Hussiten in der Oberpfalz].

MEINHARDT, Matthias: Im Dienste des Königs: Die Feldzüge Friedrichs des Streitbaren, in.: BLOH, Jutta Charlotte von/ SYNDRAM, Dirk/ STREICH, Brigitte: Mit Schwert und Kreuz zur Kurfürstenmacht. Friedrich der Streitbare, Markgraf von Meißen und Kurfürst von Sachsen (1370-1428), München 2007, S. 114-118 [zit.: MEINHARDT: Im Dienste des Königs].

PALACKÝ, František: Geschichte von Böhmen. Größtentheils nach Urkunden und Handschriften, Bd. 3 Abt. 2. Der Hussitenkrieg, von 1419-1431, Prag 1851 [zit.: PALACKÝ: Der Hussitenkrieg 1419-1431].

PALACKÝ, František: Geschichte von Böhmen. Größtentheils nach Urkunden und Handschriften, Bd. 3 Abt. 3. Böhmen und das Baseler Conzil. Sigismund und Albrecht. J. 1431-1439, Prag 1854 [zit.: PALACKÝ: Böhmen und das Baseler Konzil].

PALACKÝ, František: Geschichte von Böhmen. Größtentheils nach Urkunden und Handschriften, Bd. 4 Abt. 1. Das Zeitalter Georgs von Poděbrad. Die Zeit von 1439 bis zu K. Ladislaws Tode 1457, Prag 1857 [zit.: PALACKÝ: Georg von Poděbrad I].

PALACKÝ, František: Geschichte von Böhmen. Größtentheils nach Urkunden und Handschriften, Bd. 4 Abt. 2. Das Zeitalter Georgs von Poděbrad. K. Georgs Regierung 1457-1471, Prag 1857 [zit.: PALACKÝ: Georg von Poděbrad II].

PURTON, Peter: A History Of The Late Medieval Siege 1200-1500, Woodbridge 2010 [zit.: PURTON: Late Medieval Siege].

QUERENGÄSSER, Alexander: Triumph for the heretics. The Battle of Außig 1426, in: Medieval Warfare 2 (2015), S. 42-46 [zit.: QUERENGÄSSER: Triumph for the heretics].

RIEDER, Heinz: Die Hussiten. Streiter für Glauben und Nation, Gernsbach 1998 [zit.: RIEDER: Die Hussiten].

SEIBT, Ferdinand: Vom Vítkov bis zum Vyšehrad. Der Kampf um die böhmische Krone 1420 im Licht der Prager Propaganda , in: DERS.: Hussitenstudien, München 1991, S. 185-207 [zit.: SEIBT: Vom Vítkov bis zum Vyšehrad].

SEIBT, Ferdinand: Konrad von Vechta, in: DERS.: Hussitenstudien, München 1991, S. 241-252 [zit.: SEIBT: Konrad von Vechta].

SCHMIDT, Peter: Die große Schlacht. Ein Historienbild aus der Frühzeit des Kupferstichs, Wiesbaden 1992 [zit.: SCHMIDT: Die große Schlacht].

ŠMAHEL, František: Die Hussitische Revolution. 3 Bände (= MGH-Schriften 43/I-III), Hannover 2002 [zit.: ŠMAHEL: Hussitische Revolution 1-3].

STÖLLER, Ferdinand: Österreich im Kriege gegen die Hussiten (1420-1436), in: Jahrbuch für Landeskunde von Niederösterreich 22 (1929), S. 1-87 [zit.: STÖLLER: Österreich im Kriege gegen die Hussiten].

TOMAN, Hugo: Das hussitische Kriegswesen in der Zeit Žižkas und Prokops, Prag 1898 [zit.: TOMAN: Das hussitische Kriegswesen].

TOMEK, Václav Vladivoj: Jan Žižka, Prag 1879 [zit.: TOMEK: Jan Žižka].

TURNBULL, Stephen: The Hussite Wars 1419-1436, Oxford 2004 [zit.: TURNBULL: Hussite Wars].

TRESP, Uwe: Söldner aus Böhmen. Im Dienst deutscher Fürsten: Kriegsgeschäft und Heeresorganisation im 15. Jahrhundert, Paderborn 2004 [zit.: TRESP: Söldner aus Böhmen].

TRESP, Uwe: Markgraf Wilhelm I. von Meißen und Böhmen. Die „Belagerung von Prag (1401), in: Markgraf von Meissen (1346-1407), Dresden 2009, S. 43-53 [zit.: TRESP: Die Belagerung von Prag 1401].

TRESP, Uwe: Hussiten vor Bernau, in: BERGSTEDT, Clemens (u.a.): Im Dialaog mit Raubrittern und schönen Madonnen. Die Mark Brandenburg im späten Mittelalter, Berlin 2011, S. 142-146 [zit.: TRESP: Hussiten vor Bernau].

VERNEY, Victor: Warrior of God Jan Žižka and the Hussite Revolution, London 2009 [zit.: VERNEY: Warrior of God].

ZEUNE, Joachim: Hussitenzeitliche Wehrelemente an Burgen der Hassberge, in: Burgenforschung aus Sachsen 17/2 (2004), S. 130-152 [zit. ZEUNE: Hussitenzeitliche Wehrelemente].

ZIMMERLING, Dieter: Der Deutsche Ritterorden, Düsseldorf 1988 [zit.: ZIMMERLING: Der deutsche Ritterorden].

HEERE & WAFFEN

Alexander Querengässer (Text)
Sascha Lunyakov (Illustrationen)

Armee Augusts des Starken im Nordischen Krieg

Der Große Nordische Krieg (1700-1721) zählt zu den bedeutsamsten militärischen Konflikten des 18. Jahrhunderts. August der Starke, Kurfürst von Sachsen und König von Polen, strebte danach ein starkes mitteleuropäisches Reich aufzubauen. Doch obwohl die sächsische Armee einen guten Ruf als moderne Armee genoss, musste sie gegen das belächelte schwedische Heer unter dem jungen König Karl XII. eine Reihe empfindlicher Niederlagen hinnehmen.

Der Band analysiert die Strukturen der sächsischen Armee während des Krieges. Die üblichen Rekrutierungsbedingungen und Lebensumstände eines frühneuzeitlichen Heeres werden ausführlich dargestellt, ebenso wie die Feldzüge und Schlachten, an denen die kursächsische Armee beteiligt war.

Durchgehend farbig illustriert, viele Zeichnungen und Karten,
64 Seiten.

Paperback

Alle derzeit lieferbaren Hefte aus der Reihe Heere & Waffen:

Heft 1 ~ **Die Templer**
Heft 2 ~ **Hannibals Armee**
Heft 3 ~ **Die spanischen Guerillas**
Heft 4 ~ **Die US-Kavallerie 1865–1890**
Heft 5 ~ **Die Langen Kerls**
Heft 6 ~ **Der Deutschorden**
Heft 7 ~ **Tannenberg 1410**
Heft 8 ~ **Die Armeen des Alten Orient**

Die Samurai der Sengoku-Zeit
Heft 9 ~ Teil 1
Heft 10 ~ Teil 2

Heft 11 ~ **Das Heer des Arminius**
Heft 12 ~ **Die Fahnen von Waterloo**
Heft 13 ~ **Die Sächsische Armee 1810–1813**

Das Heer des Varus
Heft 14 ~ Teil 1
Heft 17 ~ Teil 2

Heft 15 ~ **Die Bayerische Armee 1806–1813**
Heft 16 ~ **Der Tolle Halberstädter**
Heft 18 ~ **Die etatmäßigen Dienstgrade und Dienststellungen in der französischen Armee 1804–1815**

Das fränkische Heer der Merowingerzeit
Heft 19 ~ Teil 1
Heft 20 ~ Teil 2
Heft 22 ~ Teil 3
Heft 28 ~ Teil 4 – *In Vorbereitung*

Heft 21 ~ **Die Armee Augusts des Starken im Nordischen Krieg**
Heft 23 ~ **Feldmarschall Pappenheim**
Heft 24 ~ **Die Streitkräfte Schleswig-Holsteins während der Erhebung 1848–1850**

Die Heere der Hussiten
Heft 25 ~ Teil 1
Heft 26 ~ Teil 2

Heft 27 ~ **Der preußische Infanterist im badischen Feldzuge 1849**
Heft 29 ~ **Der Deutsche Orden im 13-jährigen Krieg**
Heft 30 ~ **Die Burgunderkriege**
Heft 31 ~ **Die Heere des Schmalkaldischen Krieges**
Heft 32 ~ **Die Ennetbirgischen Feldzüge**
Heft 33 ~ **Böckler- und Löwlerkrieg**
Heft 34 ~ **Das Heer des Maximinus Thrax**
Heft 35 ~ **Der Venezianerkrieg**
Heft 36 ~ **Piraten in der Karibik**

Heft 37 ~ **Der Landshuter Erbfolgekrieg**

Die Österreichische Armee von 1805 bis 1809
Heft 38 ~ Teil 1: Die Infanterie
Heft 39 ~ Teil 2: Grenzer, Landwehr & Jäger
Heft 40 ~ Teil 3: Kavallerie, Artillerie und andere Einheiten

Heft 41 ~ **Die Kriegskunst der Assyrer von Sargon II. bis Assurbanipa**
Heft 42 ~ **Die Feinde der Assyrer** *In Vorbereitung*
Heft 43 ~ **Die Kursächsische Armee 1730/32**
Heft 44 ~ **Die Galloglas – Irlands fremde Krieger**
Heft 45 ~ **Die Armee Russland 1801–1815** Organisation der Kavallerie Kürassiere und Dragoner
Heft 46 ~ **Bakumatsu**
Heft 47 ~ **1866: Am Ende war Königgrätz**

Die deutschen Kontingente im Amerikanischen Unabhängigkeitskrieg 1776–1783
Heft 48 ~ Teil 1
Heft 49 ~ Teil 2 – *In Vorbereitung*

Die Hefte erhalten Sie bei BERLINER ZINNFIGUREN, Knesebeckstr. 88, 10623 Berlin ~ www.zinnfigur.com oder im gut sortierten Buchhandel.